三分管人
七分做人

成功领导的自我修养

叶舟◎著

黑龙江教育出版社

图书在版编目（CIP）数据

三分管人，七分做人 / 叶舟著. -- 哈尔滨 : 黑龙
江教育出版社, 2017.2（2019.5重印）

（读美文库）

ISBN 978-7-5316-9124-2

Ⅰ.①三… Ⅱ.①叶… Ⅲ.①领导学—通俗读物
Ⅳ.①C933-49

中国版本图书馆CIP数据核字（2017）第041199号

三分管人，七分做人
Sanfen Guanren, Qifen Zuoren

叶舟 **著**

责任编辑	徐永进	
封面设计	久品轩	
责任校对	苏凤云	
出版发行	黑龙江教育出版社	
	（哈尔滨市群力新区群力第六大道1305号）	
印　　刷	北京柯蓝博泰印务有限公司	
开　　本	880毫米 × 1230毫米　1/32	
印　　张	7	
字　　数	140千	
版　　次	2017年5月第1版	
印　　次	2019年5月第2次印刷	

书　　号 ISBN 978-7-5316-9124-2 **定　价** 26.80元

黑龙江教育出版社网址：www.hljep.com.cn
如需订购图书，请与我社发行中心联系。联系电话：0451-82533097　82534665
如有印装质量问题，影响阅读，请与我公司联系调换。联系电话：010-64926437
如发现盗版图书，请向我社举报。举报电话：0451-82533087

所谓"三分管人，七分做人"，是指决定领导工作成败的，三分在于管理他人，七分在于做好自己。正如企业家冯仑所说："重要的是管理自己，而不是领导别人。"

巴菲特的投资信条中说："最好的投资就是投资你自己。"他对子女的忠告结集出版时，书名就叫：做你自己。

做人成功决定管人成功。这方面的研究，已经有 100 多年的历史了。研究表明，一个人是否具有领导魅力，与他管理上的成就息息相关。

20 世纪初，德国社会学家韦伯提出"charisma"，即"魅力"这一概念。韦伯发现有"魅力"的领导者对下属具有一种天然的吸引力、感染力和影响力。

美国学者豪斯于 1977 年，研究总结了魅力型领导者的三种个人特征：高度自信、有支配他人的倾向和对自己的信念坚定不移。

随后，本尼斯在研究了 90 名美国最有成就的领导者之后，发现魅力型领导者有四种共同的能力：有远大目标和理想；明确地对下级讲清这种目标和理想，并使之认同；对理想贯彻始终并执着追求；知道自己的力量并善于利用这种力量。

近三十年来，人们越来越认同"魅力型领导"的概念。这一理论不仅在商界和政界产生了重要的影响，而且也影响了大学的课程设置。包括哈佛、斯坦福、沃顿在内的名校，其教师在课堂上指导学生清晰地表述一个极高的目标；向团队成员传达高绩效的期望，对下属达到这些目标所具备的能力表现得很有信心，重视下属的需要；让学生练习表现出有力、自信和动态的形象，并使用富有魅力的语调，面对下属时身体前倾，说话时与对方保持目光接触……

本书在上述研究的基础上，从中国人的实际出发，结合了古今中外的案例，对管理人员的自我修养与魅力提升，给出了具体的指导和建议。

全书结构谈不上严谨和系统，因为对即将走上管理岗位或者已经肩负管理责任的人来讲，教科书式的说教和推演，有些啰嗦和呆板。在我的脑海中，捧起这本书的你是这样的人：你在为事业打拼的职场上已经走过了很多的路，路过了很多的桥，看过了很多的繁华和艰辛。我想在这本书中，为你提供一杯清茶般的抚慰，让心灵有所顿悟，让眼界豁然开朗，然后不畏不惧，你又重新踏上一段少有人走的旅程……

目 录
Contents

第 1 章　正人先正己，做事先做人

欲治理天下，先修养品行 ／ 002

成事有三容："容异""容过""容嫌" ／ 005

服众需要境界，境界来自学习 ／ 008

上行下效：用你的行动去影响下属 ／ 013

用"个人威信"赢得下属的信赖和忠心 ／ 017

不要轻易承诺，如果承诺了就要兑现 ／ 027

要明确管理的责任，并勇于承担 ／ 031

重要的是管理自己，而不是领导别人 ／ 036

第2章　低调做人，进退自如

敬以向上，宽以对下，严以律己　/　048

抓住重点，带动一般，搞活全局　/　053

思路、办法、成绩、经验，都是干出来的　/　056

既要恪尽职守，又不要事必躬亲　/　059

既要"领着做"，又要"往前看"　/　065

不四处邀功，要用业绩说话　/　070

在该动脑子时，一动气就输了　/　074

第3章　外圆内方，绵里藏针

情况明了之后，要力排众议果断决策　/　080

没主意的时候，也不可盲从于民意　/　083

用制度管人，才能成全别人解放自己　/　086

对待"刺头"人物，要有分别地处置　/　093

对待害群之马，绝对不可姑息迁就　/　105

"人性化"虽好，但要警惕"人情化"　/　109

棘手的事冷处理，能将坏事变好事　/　113

随机应变留有余地，才是圆滑　/　117

财聚人散，财散人聚，人聚财更聚　/　123

第 4 章 知人善任，奖惩有道

用人六诀：爱、识、聚、用、容、育 / 128

识人之道：看出人外，看入人里 / 132

用人之长：发现和发挥属下的一技之长 / 139

人才搭配：各尽所长又互补各自所短 / 143

涨工资不如发奖金：奖励的八条原则 / 147

点名批评是下策：批评的五种方式 / 152

信任但不放任：用人要疑，疑人要用 / 158

德与才的抉择：宁用愚人，不用小人 / 162

第 5 章 说话沟通，滴水不漏

团队沟通的力量，连上帝都害怕 / 168

能说会道的领导，未必是称职的 / 173

别怕下属发牢骚，倾听牢骚能提高效率 / 176

认同和赞赏，是员工在金钱之外最想得到的 / 181

批评之道：很严厉但又不让下属反感的方法 / 188

运用三明治法则，让下属接受建议和意见 / 200

适当运用幽默，可以化解尴尬和冷场的局面 / 202

运用雷鲍夫法则，快速建立合作与信任 / 208

第 1 章

正人先正己，做事先做人

欲治理天下，先修养品行

"正心、修身、齐家、治国、平天下"，这是几千年来无数中国人追求的人生理想，这句话的出处是《大学》，原文为："欲明德于天下者，先治其国；欲治其国者，先齐其家；欲齐其家者，先修其身；欲修其身者，先正其心……心正而后身修，身修而后家齐，家齐而后国治，国治而后天下平。"

这段话的大意是：要使美德彰明于天下的人，要先治理好自己的国家；要治理好国家的人，要先整顿好自己的家；要整顿好家的人，要先进行自我修养；要进行自我修养的人，要先端正自己的思想……思想端正了，然后自我修养完善；自我修养完善了，然后家庭整顿有序；家庭整顿好了，然后国家安定繁荣；国家安定繁荣了，然后天下平定。

"正心、修身、齐家、治国、平天下"，这几者之间是有逻辑性的，"齐家、治国、平天下"都是以"修身"作为前提。"正心"就是端正品行，自身的道德水平高了，所作所为必然被众人所仿效，这样首先会影响一个家庭，一个家庭之内的人见贤思齐，这就是齐家。国是由一个一个的家组成的，因此家齐而后国治，国治才有可能平天下。这句话简单表达就是：欲治理天下，先修养品行。

先做一个好人才可能做一个好官。要当一个好的领导，首先必须加强道德修养，这绝不是冠冕堂皇之词，因为起用道德水平高的人，上级放心，同僚安心，下属也归心。

晚清重臣曾国藩出生在偏僻的湖南农村，他28岁中进士，37岁官至二品，而后又在39岁～42岁时先后担任了礼部、吏部、工部、刑部、兵部五个部的侍郎。没有任何背景的他官运为什么这么好呢？因为他的名声很好，官声也好，没有做过贪污受贿、中饱私囊这些事，因此朝廷对他放心。而这洁身自好的品德，归根结底是他一直加强自我修养的结果。

而曾国藩的对手洪秀全为什么会失败呢？那是因为太平军攻下南京后，洪秀全开始忙于修建宫廷、聚敛金银、耽于女色，不理朝政11年，这直接导致了领导集团的内讧，第一代创业精英杀的杀、走的走，由此太平天国元气大伤，一蹶不振，安能不败？

德是成事之基，立业之本，做官先做人，正人先正己。领导者应该加强对诸如正直、廉洁、勤政、尊重、宽恕、诚实、负责等各种美德的修炼，时时、事事、处处恪守"为政以德"这个朴素的真理，才能得民心，聚人才，成事业；才能成为孔子所说的那种"大德必得其位，必得其政，必得其禄，必得其寿"的领导人。

成事有三容："容异""容过""容嫌"

美国心理学家威斯尔特认为：一个人如果能在思想不紧张的状态下工作，就能发挥他应有的能力。欲使下属进入这样一种精神状态，领导者必须大度地为下属创造一个宽松的环境。怎样才算胸怀宽广？一是"容异"，善纳别人的不同意见，善待与自己意见不合的人；二是"容过"，对待犯错误的下属绝不能"一棒子打死"；三是"容嫌"，就是对那些与自己曾有过节的人不报复、不打击，宽容大度地对待他们。

领导者只有胸怀宽广，才能招来人才归服。无数事实已证明，领导者胸怀宽广与否，直接决定了其威信的高低，乃至事业的成败。所以人们经常这样说，大气魄、大领导、大事业，谁愿意跟一个小家子气的领导混世呢？

中国历史上不乏明君贤臣，春秋早期齐国的齐桓公就是一个很好的领导者。他在与哥哥争夺王位的过程中，曾被哥哥的老师管仲带人袭击，并被管仲冷箭射伤。等他继位成为齐桓公后，恨不得对管仲"食其肉，剥其皮"。宰相鲍叔牙力劝齐桓公说，管仲有经天纬地之才，是安邦定国之良相，还说"您要治理齐国，我可胜任；若想称霸诸侯，非管仲不可"。齐桓公想了很久，听取了鲍叔牙的建议，重用杀己"仇人"管仲为宰相，并对其信任有加，国家大事均由管仲处理。经过几年的光景，齐国在管仲的治理下，实现了从乱到治、从穷到富、从弱到强的富国之路，一个强大的齐国在悄然崛起，成为"春秋五霸"中第一个称霸的国家。

唐代名臣魏徵做太子李建成的属官时，曾多次劝李建成杀掉李世民。在玄武门之变后，李世民不计前嫌，非但没有杀他，反而非常倚重魏徵，给了他很高的官位，而魏徵也尽职尽责，君臣一心成就了唐初的"贞观盛世"。

在楚庄王的庆功宴上，将领唐狡趁黑灯之际摸了庄王爱妾许姬的小手，头盔上的羽缨被许姬揪了下来，留下了把柄。楚庄王得知此事后，命令不要点灯，让众将全部绝缨痛饮。七年之后，楚庄王攻打郑国，知恩图报的唐狡独率几百人为先锋，一路过关斩将，后续大军竟未遇一个阻兵，直取郑国都城荥阳，此役使楚庄王声威大震。

心胸狭窄的领导者，因为不能容言、容事和容人，往往身败名裂，国破家亡。

西周末年，周厉王政令严酷，只要听到谁说自己的坏话就杀谁。虽然怨言暂时平息下来，但三年后，忍无可忍的老百姓还是发起暴动，推翻了周厉王的残暴统治。

另一个典型的例子是《水浒传》中的王伦。他是梁山泊的第一位寨主，按说对于众多好汉的加盟应该求之不得，可惜他心胸狭窄，很怕保不住寨主的位子，坚决反对晁盖等一帮英雄好汉上山加入他们的队伍，结果身首异处，为后人所不齿。

服众需要境界，境界来自学习

领导服众，需要高境界，而高境界需要通过不断学习才能达到，因为学习能使人进步，通过学习，我们可以获得专业技术知识，明白做人做事的道理，训练思维能力，还能分享他人成功的经验与失败的教训。总之，学习是领导者增长学识的一条重要又方便的途径。

美国著名政治家帕金斯在30岁时被任命为芝加哥大学校长，当时有很多人怀疑他的能力，认为他太年轻，可能胜任不了大学校长的职位，他知道后只说了一句："一个30岁的人所知道的是那么少，需要学习的地方是那么的多。"就这短短一句话，表明了他谦虚的态度与学习的决心，这使得那些原来怀疑他的人一下子就放心了。

有个叫尼勃逊的外国社会学家发现，百年来活跃于世界各行各业的成功人士，都是善于利用闲暇时间学习的人。

　　公元967年，即宋太祖乾德五年，有一天，君臣几个人谈起年号来，赵匡胤对"乾德"这个年号相当得意。宰相赵普跟着拍马屁，列举了几年来不少好事，然后归功于赵匡胤改的这个年号。

　　当时，旁边站起一位名叫卢多逊的翰林学士，这人极有学问，而且非常看不上赵普。他等赵普说完后，不动声色地说了一句："可惜，乾德是伪蜀用过的年号。"

　　赵匡胤大吃一惊，马上命人去查，结果真是前蜀的年号，而且是亡国的年号。这一下赵匡胤的羞惭恼怒可想而知。想起赵普身为宰相，却不学无术，让自己在大臣面前出了这么大的一个洋相，赵匡胤实在压不住心头的怒火，拿起御笔，蘸饱了黑墨，在赵普脸上就是一阵乱写乱画，弄得他满脸满身皆是墨水。一边涂，赵匡胤还一边骂："你这不学无术的家伙！"

　　从此，赵普开始发奋读书。每次回到家，就关起门来打开箱子，拿出一部书，仔细阅读，等第二天处理政务，便得心应手。家人习以为常，却不知道他读的是什么书。

　　赵匡胤死后，他的弟弟赵光义继位，史称宋太宗。赵普仍然担任宰相。有人对宋太宗说赵普不学无术，所读之书仅仅是儒家的一部经典《论语》而已，当宰相不适合。宋太宗不以为然地说："赵普读书不多，这我一向知道。但说他只读一部《论语》，我是不相信的。"等到这位宰相死后，人们打开书匣，发现里面只有《论语》的前半部分。从此以后，赵普"半部《论语》治天下"的故事就传遍了天下。

读书、学习对每个人都是非常重要和有意义的，对领导者来说，就显得更加重要了。

康熙能成为"千古一帝"，其中很重要的原因恐怕就是他的求知欲望与勤奋治学。他不爱美人爱读书，五更就起床苦读，夜里读书也常常熬夜。多年的苦读精修，不断完善了康熙的治国思想。

杜鲁门没有读过大学，但他有一个好习惯，就是多年以来从未间断过学习。长年累月的学习让杜鲁门获取了广博的知识，使他能带领美国在"二战"结束后很快进入战后繁荣时期。杜鲁门认为"懂得读书是成为一流领导人的基础"，他的信条就是："不是所有的读书人都是一名领袖，然而每一位领袖都必须是读书人。"

曾国藩认为学习的功用有两个，一是通过读书来增强学识，获取专长，以便在社会上谋求必要的生存与发展，这就是今天常说的"读书使人进步"；二是通过读书修身养性，使道

德达到至美至善之境界。曾国藩把读书的这两个功用总结为
"进德修业"。

多学习、多读书、读好书，能让人静心、淡泊、明智。
书读多了，知识多了，境界就会相应提高，凡事看得开、想
得开，心胸宽阔，有助于树立正确的人生观、权力观、地位
观、政绩观、名利观……一句话，读书能让领导者不断提高自
身的修养。

多学习、多读书还有一个意想不到的好处，就是能治病
养生。现代社会节奏快、压力大，特别是对于领导者，工作
上事无巨细的劳累、官场上尔虞我诈的争斗，会让人心理上
紧张、精神上压抑，产生沮丧、苦闷、焦躁不安等情绪。这
些不良情绪如果得不到及时排解，会影响身体各组织器官的
功能，继而发生各种病变。而读书可以化解抑郁、烦恼和躁
怒，恢复恬静乐观的心境，实现防病养生。

古人说："其身不正，其令不从。"领导者是下属的
表率，其一言一行、一举一动都会对下属产生重要的示范作
用。一个不爱学习爱吃喝玩乐的领导周围，一定挤满了众多市
侩小人；而一个爱学习的领导周围，一定团结着一群求知上进
的下属。要做一个领导，就应该具有自主学习的意识与终身
学习的态度，对一切有利于推动和改进工作的新理念、新观

点、新知识和新方法永远保持一种如饥似渴的学习精神。通过不断学习，增长知识、提高能力、修养品行，这样才能不断夯实自身领导力的根基。有境界，有修养的领导，才能在下属心目中立于不败之地。

上行下效：用你的行动去影响下属

领导者只有带好头、树好榜样，才能赢得下属的信任与追随，这种强大的影响力和号召力是任何法定权力都无法与之相比的。

美国西点军校因为培养出麦克阿瑟、艾森豪威尔、巴顿、格兰特等优秀人物而被誉为将军和总统的摇篮，成为全球最著名的军事院校。除此之外，西点军校还"不务正业"，培养出了先后在世界500强企业中任职的1 000多位董事长、2 000多位副董事长和5 000多位总经理。

与哈佛、沃顿、麻省理工、斯坦福、耶鲁这些全球知名商学院相比，西点军校没有开设财务管理、市场营销等专业工商学科，却为何比这些学校牛呢？这主要是因为西点军校培养出来的学生具有强大的领导力，这就是它能产生那么多将军和总统的原因。这些学生的领导力又来自哪里呢？这主要得益于西点军校对于领导力有着与众不同的观念。

不少人看来，只要当上了官，特别是当了一把手，自己说的话就成文件了，就自然而然具有不可撼动的领导力。但西点军校对领导力的界定却不是这样的。他们认为：领导力不是法定权力，而是一个过程，在这个过程中，领导者的行为、能力、品位、风格必须影响追随者的需求、价值、追求、渴望，这样才能在下级面前塑造形象、树立威信，产生强烈的凝聚力和感召力，从而激发出部属的敬佩感、信赖感和服从感，领导者像磁石一样吸引着部下，成为他们学习的榜样、仿效的楷模和崇拜的对象。这是任何法定权力都无法比拟的一种强大的影响力和号召力。

巴顿，作为美军历史上最善战的装甲部队指挥官，他如此能打仗的原因成了很多人研究的问题。巴顿传记作家小埃德加·普里尔道出了其中的奥秘，他说："巴顿作为统帅人物，其最大的特点是以他本人的尚武精神去激励部下。他用自己的个性成功地影响了整个部队。尽管部属们有时恨他，但仍然能够仿效他的言行，像他那样思索和战斗。"

"其身正，不令而行；其身不正，虽令不从"，《论语》中的这句话也是对领导力的一种注解。意思是，只要自己的行为端正，就算不下任何命令，部下也会遵从执行；如果自己的行为不端正，那么无论制定什么政策规章，部下也不会遵从执行。

正人先正己，这是自古以来为政、为将、为教者的准则及其号召力之所在。因为领导者的一言一行，时时处处都处于下属的关心之中，领导者只有时时刻刻、事事处处为下属带好头、树好样，做到严于律己，率先垂范，这样才有威信，才能赢得下属的信任，这是作为一个领导最起码的前提。

玛丽·凯·阿什也许是当今世界上最牛的女企业家，她非常重视领导者在员工中的榜样作用。她说："一个部门的负责人，其行为受到整个工作部门员工的关注。人们往往模仿经理的工作习惯和修养，而不管其工作习惯和修养的好坏。假如一个经理常常迟到，吃完午饭后迟迟不回办公室，打起私人电话来没完没了，不时因喝咖啡而中断工作，一天到晚眼睛直盯着墙上的挂钟，那么，他的部下大概也会如法炮制。不过，员工们也会模仿一个经理的好习惯。例如，他习惯在下班前把办公桌清理一下，把没干完的工作装进包里带回家，坚持当天的事当天做完。尽管他从未要求过他的助手和秘书也这样做，但是她们每天下班时，也常提着包回家。作为一个经理，重任在肩，职位越高就越应重视给人留下好的印象。因为经理总是处于众目睽睽之下，所以你在做任何事情时都务必要考虑到这一点。以身作则的好处是，过不了多久，你的部下就会照着你的样子去做。"

正人先正己，做事先做人，管理之道正是如此，职权只能使下属服权而不服人，口服而心不服，产生的威信极其脆弱。所谓上行下效，领导者无论职位多高、权力多大、资历多深，都应该要求别人做到的自己先做到，这样才能树立起威望，增强执行力，提高管理效率。

用"个人威信"赢得下属的信赖和忠心

　　要成为一个优秀的管理者，就要有高超的驾驭下属的能力。为什么有许多员工在没有加班费的情况下仍然愿意辛勤加班？为什么你的团队为你所设定的目标全力冲刺？为什么总有一批人为你毫不保留地奉献其所有的才智……多年来，人们一直不断思索着这些问题，终于得到这样一个答案：因为这样的管理者在下属眼里具有99%的个人威信！

　　管理者的作用，就是把威信发挥到极致，影响他人合作从而实现既定的目标。一个人之所以为他的上司或组织卖力工作，绝大多数的原因是上司拥有的个人威信像磁铁一般征服了大家的心，激励大家勇往直前。

　　曾经听到一位下属推崇他的经理说："只要和王总在一起待上一分钟，你就能感受到他所散发出来的动力。我之所以如此卖命努力，是因为王总本身的威信使然。"威信远胜过权力。与其做一位实权在手的经理，不如做一位浑身散发无比"威信"的管理者。除非我们具备了相当程度的威信和影响力，否则将很难赢得下属的信赖和忠心。

曾有一位颇有见地的企业经理，在研讨会里单刀直入地告诉职员："在现实世界里，众所皆知的一流管理者，无一例外地都具有一种罕见的人格特质，他们处处展现出威信领袖的风范。他们不但能激发下属们的工作意愿，又具有高超的沟通能力，动之以情，晓之以理，浑身散发出热情，尤其重要的是，他带领团队屡创佳绩，拥有一连串骄人的辉煌成就。运用奖赏力与强制力来管理，也许有效，但是如果你要提高自己的威信，赢得众人的尊重和喜爱，我建议你们要尽最大努力去影响和争取下属的心。假如你们之中谁能做到这点，谁就能成为一位成功的经理人，而且也可能完成许多不可完成的任务。"

优秀的管理才能，特别是个人的威信或影响力，这比他的职位高低和薪资福利的优劣来得重要得多。它才是真正促使人们发挥最大潜力，实现任何计划、目标的魔杖。管理者需要有令人慑服的威信，而不是令人生畏的权力。是否拥有这种威信，正是一个管理者能否成功的关键！

　　说到威信，首先要谈到的一点就是修养，这也是每一个想在员工心中建立威信的管理者必须重视的问题。威信不是靠发飙或者耍威风得来的，在下属心目中，一个平时说话和声细语的管理者反而比动辄大喊大叫的管理者更有威信。为什么？这就是修养的力量。有修养的管理者，可以对下属产生一定的引导作用。如果管理者自身品德不良，却去纠正下属品德不良，员工怎么可能会服从，他只会觉得管理者表里不一，反而更难接受。

　　试想一下，一个在开会或者给员工培训时能把自己手机关机，在下属有问题时不管问题多么幼稚都能详细解答，做什么事情都公正无私，从来不把私人事情带到工作中来的管理者，怎么可能得不到下属的尊敬和服从呢？当然，管理者的修养并不仅仅包含这几个方面，修养的含义实际上非常广泛，但管理者若想以自己的良好修养在员工心中发挥影响力，以下三个方面是最有效的着手点。

　　1. 人品正直

　　美国管理协会曾邀请一组学术人士和专家描述21世纪商界最完美的管理者形象，结果人们发现"正直"是最重要的要素。在管理者和下属之间如果没有基本的信任，即便管理者非常恰当地使用了其他的领导原则，那么他也永远是一个值得怀疑的领导，并且会举步维艰。"正直"意味着做该做的事情。对于任何企业来说，缺乏"正直"都可能会产生非常糟糕的后果。有时某些团体之所以获得成功，仅仅是因为其领导保持了绝对的"正直"。

兰兹·恩德公司是一个拥有上亿美元资产的大公司，前几年因一些原因陷入了困境。当时纸张的价格翻了一番，但需求剧跌，邮费上涨。因此，第三季度公司的利润下降了60%，并且仍在下降之中。公司顾问建议公司总裁、34岁的史密斯解雇下属，从而取悦股东，提升股票价格。史密斯认为这涉及"正直"问题。在形势变得严峻的时候，通过裁员使自己舒坦，这不是该做的事。因此，他反其道而行之，增加受益。增加什么类型的受益呢？他增加了对孤儿院和精神病院的资助，兼职下属也得到了全额的医疗保险。他拒绝解雇任何人。史密斯对此解释道："如果人们感到受压榨了，他们也将不会很好地对待顾客。"那么，如此做的结果如何呢？次年第一季度的利润比上年翻了3番，达440万美元，销售额增长了23%，兰兹·恩德公司所持有的股票价格也增长了85%。

作为出色的管理者，你要想赢得信赖就必须公正地对待你的所有下属，而不去考虑他们的能力、地位。雇员愿意为这样的领导工作。你应该努力地成为一个正直的人，永远开诚布公，公平公正、光明正大。如果你赢得这样的声誉，那么，你的大多数下属将会以同样的态度做出反应，他们也将公平、正直地对待你，在所有交往中都光明正大。

2. 不在背后批评议论下属

人人都希望在工作岗位上能互相帮助，取长补短，愉快地工作。但是这种和谐的群体气氛，常会被一些无聊的小事所破坏，使大家的心里蒙上一层阴云。

当某人不在场时对其说三道四，这是破坏群体和谐的大敌。虽然言者未必怀有恶意，但一旦被受议论者听到后，足以使其伤透心。人类最难控制的器官是舌头，最难压抑的欲望是说话。想要堵住一个人的嘴巴，恐怕是不可能的。更何况这些背后议论的话语几经相传，最后被本人听见时，已经是恶意话语之集大成了。相形之下，被议论者对那些背后议论者的反感和气愤程度，是可以想象的。随之而来会产生永远不再与那些议论自己的人说话、共事的想法，也是毫不奇怪的。这样一来，和谐的群体气氛必然遭到破坏。

某人不在场时，绝对不要对这个人的行为做任何不负责任的评论。这是作为组织中的一员应有的基本修养。哪怕是没有一点恶意的议论，也是绝对不允许的。因为这会给集体造成难以估量的损失。如果真想给某人提批评意见，最好和他本人面对面单独进行，在没有他人参加的场合下，有条有理、心平气和地交谈。既然讲的目的完全是为了他好，那么，就应该在没有他人的场合讲。随便轻率地说话，或单纯为了发泄私愤而信口开河，都是一个人不成熟的体现。尤其是酒后言谈更需要特别谨慎。有的人想得简单，认为酒后说出来的话一般人记不住，然而恰好相反，别人会记得分外清楚。总之不论在何种情况下，不谈论不在场的人，应该成为每个人的行为准则。

其实，喜好拨弄是非、在背后议论人的人，大都是些言谈轻率、轻易就给一个人下结论，或是言语偏激、发泄私愤的人。对待这种人，需要抓住证据，耐心教育，让他们认识到，这种行为只能使亲者痛仇者快，充当的只能是破坏组织或公司团结的角色。需要告诫这种人"下不为例"。如果经过这样的教育那人仍不改，就意味着这人存在本质问题，必须采取其他措施加以解决。至于在背后赞美他人，就是一个例外了，被你赞美的人应该越多越好。因为这种语言是改善人际关系的一种润滑剂。本人即使间接听到，也会对说话的人存有好感。

3. 控制情绪，不随便对下属发火

领导者不要动辄因为下属的言谈举止不合己意，便大发脾气，甚至极不明智地大吼大叫、出言不逊，这不仅会对领导形象有损，还会造成更深层次的不利影响。追求自由是人的天性，没有人喜欢被别人严格控制。一般人都会对这种专制的做法持逆反心理，把这样的领导认为是暴君。如果总是干涉下属们的私事，向他们提出不合理的要求，久而久之，他们会对你采取抵制、敌视态度。你的一些公务上的合理的要求与建议也许一并被他们置之不理，或许他们还会在工作中搞些小聪明来"回敬"你，让你防不胜防，最终吃亏的还是你。

相信有不少的管理者都曾因心情烦躁，把自己的下属当作"出气筒"，发无名火。有的下属因此当场就和领导争吵起来，有的下属因此泣不成声，有的下属因此怨恨与背离领导，有的下属因忍受不了而离职，有的下属因此无所适从，有的下属因此不求有功但求无过，不再多言。

心平气和之后，管理者们也会为自己不够冷静、成熟与理智的行为而懊恼和后悔。

刘某是一家电脑销售公司的大区经理，尽管有时会对下属发点小脾气，但他并不是一个暴躁的管理者。不过，几个月前他乱发了一次脾气，至今都让他深为懊悔，暗暗在心中引以为戒。那天一大早，他因为自己父母的安置问题，和妻子大吵了一架，心情很差。摔门而出后，一路上看什么都不顺眼。带着满腔怨气，他来到了办公室，看到工程部的陈经理正和下属们聚在一起有说有笑，他的脾气因此一触而发，不可收拾。

"陈铭，现在是什么时间，你还在这里胡侃，公司是请你来做事，还是请你来找乐子的？"平常都称呼"陈经理"，此时是直呼其名，语气严厉。"老大，我是在安排今天的工作呢。"陈铭委屈地辩解，和下属们一起用不明就里的眼光看着他，都觉得今天的他有点莫名其妙。"老大，什么老大！你当这是黑社会啊？"他冲陈铭越吼越凶。自己为公司累死累活地工作，还要受这样的怨气，陈铭最后实在受不了了，就和他争吵了起来。最终的结果是，陈铭一气之下辞了职，投奔到了竞争对手的门下，同时还带走了几个大客户，处处与原公司作对。

过分的固执和暴躁，会引起下属对你的反感。"顺我者昌，逆我者亡"，这种行为往往遭到下属的报复。在暴君思想的领导下，下属对你是不会有好印象的，"专横跋扈"会成为你这类领导的代名词。作为领导，不管处世还是待人，都要坚持以理服人的原则，不能胡作非为。

不少管理者都有过与刘某类似的教训。之后我们反省过自己吗？又采取怎样的改变措施呢？痛定思痛，有了这次的教训，刘某开始有计划地改掉自己这个缺点，给自己定下了几条规矩：

第一，把坏情绪关在门外。时时告诫自己，必须把工作之外的人和事所带来的坏情绪，全部关在办公室大门之外。一旦心里面憋了气，他就会到办公室门口做几次深呼吸，告诉自己：现在是工作时间，那些该死的事到此为止。

第二，在气头时用冷水洗把脸。每当要发作的时候，提醒自己，下属不是招进来骂的，而是请来协助自己工作，共同开创事业的，况且还有比发脾气能更好地解决问题的办法。即使被自己的老板和股东批评得一塌糊涂，即使刚刚与客户发生过激烈的争吵，管理者也尽量不要铁青着脸，见到下属就吼。如果还是担心自己会失控，该怎么办呢？不妨冲进洗手间，用冷水洗把脸，迫使自己尽快冷静下来。

第三，就事论事，不伤及无辜。即使的确是因为下属出错，而实在忍不住发了脾气，管理者也一定要分清责任主体，不要让无辜者受到牵连。执行制度、赏罚分明、恩威并济，是替代乱发脾气的最佳选择。

第四，敞开心扉，寻求倾听。倾听者可以是自己的好友、亲人，也可以是自己敬重的前辈、老师或专家，还可以是公司里能够听取建议的人，甚至可以尝试给电台节目主持人打个倾诉电话。事实上，倘若身边就有自己很敬重的工作伙伴，许多情绪就可能好控制得多。

或许，有些管理者会认为，发发脾气有利于提高自己的威信，有利于鞭策下属们努力向前。在这里，要提醒这些管理者，不论你是出于树立威信的目的，还是习惯于将责任推给自己的部下，乱发脾气只会伤害越来越多的人。不仅如此，那些令你认为发脾气就有效的假象，还可能使你陷入这样的糟糕境地：不自觉地将发脾气当作自己的管理风格，在下属们逐渐产生"抗体"之后，为了更奏效，你的火可能就需要越发越大。最后陷入恶性循环，你的威信也必定会荡然无存。

不要轻易承诺，如果承诺了就要兑现

古人云："君子一言，驷马难追。"又有"言必信，行必果"之说法。这其中便道出了做人的学问，其实这也是老板和员工进行交往沟通的准则。

受欢迎的人，常有许多共同的待人处世的优点，其中很显著的一点便是他们在任何时候都诚实守信，遵规守约。他们常常遵循这样的原则：要么轻易不与人相约，要么就要信守诺言，竭尽全力去办。不管是在商界还是非商界都必须铭记：在交际场上，说出去的话就像泼出去的水，无法收回，特别是在商业交涉中。

但有不少的老板偏偏爱许诺，却又不珍惜这一诺千金的价值，因为过分相信自己的实力，所以许多事情不假思索就会轻易地答应给员工"×××我可以帮你这样做。"而后却往往办不到。如此，很容易就在员工的心目中留下一个"不守信用"的烙印。这实在是一名老板所应避免的。要懂得，诺言好比一针兴奋剂，它能激发员工们的工作热情。如果你当众宣布：若能超额完成任务，大家月底能拿到40%的分红。这是怎样的一则消息啊，情绪亢奋的人们已经无暇顾及它的真实性了，想象力已穿过时空隧道进入了月底分红的那一幕。接下来员工们必定会热火朝天地工作，扳着指头盼望月底的到来。到了月底，你的员工们都眼巴巴地指望你能说话算数，而你却只能来一句"对不起！"想想看，这后果是多么的可怕。如果你下次再发出这样的号召，有谁还会真心真意地干活呢？而一旦你的员工有了这样的心态，那么你在公司中就是一个彻底的失败者，你的权威没有了，难得树立起来的威信也会失去。

管理者和管理，都要做到令行禁止。管理自己，兑现承诺，应该是一个管理者应该有的习惯。如果在下属面前，事无大小，言出必践，那非常不容易。倘若长期如此，必将铸就个人的诚信，形成强大的管理者力。上司注重自己的承诺，下属如何敢信口开河说不负责任的话、做不负责任的事？相反，有些人要求别人要信守承诺，却管理不好自己，三天打鱼两天晒网。这样的人，他的部门定下的目标往往不能完成，他的下属最大的特长就是为自己不能达到目标找借口。

惠普新任女掌门人卡莉说："这是一个你每天都要必须争取的事情。你就是不能说那是想当然的事情。信任和忠诚对我们来说是不可思议的竞争优势，但它需要你每一天都要去争取它，去保护它。"

那么，如何做到恪守承诺、按时兑现你的诺言呢？不妨参考下面的三个步骤：

第一，在做出任何承诺之前要深思熟虑。如果不能肯定自己能够实现就不要承诺，承诺要全心全意，要保证它能不折不扣实现。当你说："干完这件事，我给你加薪。"你心里就要确保这个承诺能兑现。

第二，牢记兑现的时间，按时实现自己的承诺。

第三，如果发生了你事先难以做出合理预见的事情，而使你不能兑现承诺的话，应该立即开诚布公地与接受你的承诺的人重新进行商洽。这件事要尽快做，不要等到火烧眉毛之时。

如果人们知道你一般总能恪守承诺，而在无法实现时也会尽可能和他们进行协商，他们就会相信，你是一个可以依靠、可以信赖的老板。你的命令不是圣旨，但你的承诺却有着沉甸甸的分量，对于你不能实现的诺言，最好今天就让员工知道，不要等到该兑现时，才强调不能兑现的客观原因，那样会让他们失望的。我们推崇的是许下诺言并勇于兑现诺言的守信作风。一个成功的老板，不应该随便乱开空头支票，既出言，则必兑现。

要明确管理的责任，并勇于承担

国外一家权威咨询机构做过统计：一家业绩出色的公司，管理者在其中起到的作用占40%以上。这些数据恰好符合著名管理大师戴明博士的观点："企业出现的问题，有82%是由于管理原因直接造成的，剩下的18%也可以从管理上找出原因。"

都说权力越大，责任就越大。企业的中高层管理者，能力上必然要强于普通下属，因而将企业经营失败的主要责任归咎于下属自然是说不过去的。管理者作为一个部门甚至一个分公司的头儿，得了红花要给自己戴，惹了黑锅也要由自己来扛。

管理，说白了就是构建和保持一种良好的工作氛围，使每个员工都能在这个氛围中高效率地完成既定目标。管理者实际上是一个环境工程师，其设计营造出来的环境，会直接影响一个部门、一个公司业绩的好坏。再形象点说，管理者是一把大雨伞，把所有的下属都聚在自己的伞下。如果雨伞本身质量好，又放对了位置，下属在这样的雨伞下自然雨淋不着，太阳晒不着，做事有劲头。如果雨伞破破烂烂，太阳出来汗流浃背，雨天淋得一塌糊涂，如此糟糕的环境下，下属怎么能有心情做事？

海尔的老总张瑞敏说过："干部就该为下属创造一个充满活力的氛围。"管理者若想当好这把大雨伞，为员工创造出充满活力的环境或氛围，就必须明确三个事实：

第一，管理者不是官儿，而是服务人员。

现代企业认为，管理者不再是靠个人意志领导团队，更多时候他要为下属着想，为他们创造好的工作条件和发展机会，为下属多提供"服务"。

许多管理者，往往把下属当成自己的对立面，这种想法显然是不对的。现代企业的员工普遍接受过高等教育，如果一个管理者过分喜欢显示派头，唯恐下属不知道他是当"官儿"的，结果只会遭到下属私底下的鄙视和不服。身为管理者，重要的是谦虚的风范，而不是耍威风的表现。

说到底，管理者不是官儿，而是服务人员。一个真正合格的中层管理者，首先应该把自己定位为一个为下属提供服务的人，给下属一个好的做事环境，充分发挥他们的能量，而不是做所谓的"领导"。

第二，管理者不是自己做事，而是组织大家做事。

某机电有限公司是一家专门生产和销售高低压电器设备的专业化公司，成立于20世纪90年代中期。公司有员工30余人，3位销售人员，销售方式基本上是利用老总的关系再加上业务员的推销。2003年公司年销售额为1 500万元。

北京某高科技公司是高速公路、电信等收费系统的供应商。该公司的营销副总年个人业绩过亿元，由于素质好、文化层次高，公司客户大部分都是由他搞定。该行业接触的都是局长、处长和老总，其他业务人员没有经验搞不定，所以该副总每天忙得不可开交，但公司业绩却始终差强人意。

上述两个案例中的管理者工作都非常努力，也很善于利用关系，公司主要是靠他们两个人的业绩在支撑。遗憾的是，企业苦苦经营多年所取得的成绩实在令人不敢恭维。做销售出身的管理者，如果把自己的角色定位为"大业务员"，更多的是奔赴一线，直面客户，自己把订单拿回来，那么他所管理的企业必然是发展不好，难以实现规模化和产业化经营。这种管理者有组织而不利用组织，站在组织者的位置上而不组织，只是利用个人的力量，而很少利用组织的力量。

假设这种管理者能够真正组织、指挥和带领一批人去做业务，即使这批人没有他本人优秀，但是坚持下去结果会如何？随着业务员的成熟和发展，公司业绩完全有可能呈几何级数增长。现代企业管理者的角色就是不要自己做事，而要组织大家做事。通过招聘、培训和管理，指挥一个团队去取得更大的成功。

第三，管理者要做整个系统的构建者，让每个下属都成为英雄。

随着市场竞争的激烈，企业越来越需要依靠团队和系统来生存和发展，每个团队或者系统中的个人分工力求越细越好，而管理者的主要职责就是构建系统。当管理者构建的系统能够如流水线一般健康和谐地运转，就证明了他的工作是成功的。

很多管理者认为自己的企业"不行"，需要通过外聘职业经理人来管理。实际上，他们并没有意识到根本原因是其构建的系统不行，或者说系统根本没有构建起来。当企业系统没有构建起来的时候，管理者就会发现到处都是问题。我们一定要深刻地理解企业不是靠一个人去支撑的，而是靠整个系统去支撑的。

　　针对大客户销售，企业如果没有建立清晰的业务模式，尚未形成自主开拓市场的能力和造血功能，营销队伍的培训、薪酬、激励及考核制度支离破碎，那么面对业绩和利润下滑，面对强大的市场竞争压力，管理者纵然使出浑身解数，也会于事无补。作为管理者，我们必须清晰地认识到，企业出色的原因不是管理者个人出色，而是其构建的系统出色。任正非、张瑞敏、柳传志很卓越，其背后更深刻的含义是他们构建的系统卓越。

　　大量的管理实践证明，一名优秀的管理者，必须是上述三点要素的结合体，这也是现代企业对于管理者作用的最基本定位。只有明确认识到管理者的作用，我们才有可能把手下人管到位，把工作做到位。

重要的是管理自己，而不是领导别人

被誉为"地产界思想家"的万通地产董事长冯仑一针见血地点出了管理者的首要任务："重要的是管理自己，而不是领导别人。"

"只许州官放火，不许百姓点灯"这一套在现代企业里已经行不通了，管理者必须首先把自己管好，让自己变得优秀，才有可能把人管到位，把事情做好。

每个管理者，都应该从以下几个方面实施卓有成效的自我管理：

第一，控制自己。

对自己的前途感到灰心失望、信仰破灭，对别人产生嫉妒甚至仇恨的不良情绪，其副作用是巨大的。在管理者的成长道路上，最大的危险不是来自对手，而是来自不良的情绪。身为管理者，你会不会因为下属的工作出现失误而大发雷霆？你有没有因为与家人发生不愉快，而把一张阴云密布的"老K脸"带到了工作岗位上？如果有，你有没有想过这是为什么呢？

其中很重要的原因，就是你对自己的一言一行缺乏应有的控制，经常失去管理者应该具有的冷静和理性，任凭自己被情绪驱使。管理者一定要学会控制自己的情绪，稳重大方，慎重于一言一行，遇到多大的事情也不要大惊失色，因睚眦小事而引起的心理细微变化更不能显露在外。

如果你在处事时，总是感性大于理性，下属会认为你是一个幼稚、肤浅和不称职的管理者，心里对你嗤之以鼻，根本不想与你建立良好的关系。更有甚者，你的喜怒无常，不仅影响工作，还会招来下属的忌恨，这对领导者来说是非常不利的。下属对你的不满，往往会使你在工作中进退维谷、寸步难行，稍有大的动作就会碰得头破血流。所以说，在工作中管理者要做一个喜怒不形于色的人。

第二，反省自己。

"人非圣贤，孰能无过？"人都会有犯错误、迷失方向或者判断错形势的时候。"只有国王不会犯错"，这是英国人的幽默，实际上他们的国王不仅犯了错，而且还是极其愚蠢的错误，否则，查理一世就不会被送上断头台了。

既然一个人免不了会犯错，那么这个时候，能否自我反省，是否善于自我反省就显得尤为重要了。作为新主管，在工作中肯定会有很多不尽如人意的地方，如果能够做到经常反省自己，发现自己的不足，精益求精，你肯定会迅速成长起来，为以后的发展打下良好的基础。成功在某种程度上说，就是一些良好的习惯形成的结果，而反省自己是新主管首先应该具备的好习惯：不断总结经验教训，好的方面精益求精，不妥当的地方力求改进。

加拿大工学院的一名毕业生在建造一座铁桥时，因为失误导致铁桥断裂倒塌，母校声誉受损。学院得知此事后倍感痛心，不惜重金将报废的铁桥买下，用这些废铁制成了百万枚校耻纪念戒指。每年该校学生毕业时，校耻纪念戒指就与毕业证书一道发给毕业生，以此来警示学校的每个毕业生，时刻注意反省自己，在工作中尊重科学，敬业精业，避免再次发生桥毁人亡的事故。

反省不仅是一种自我检查的活动，更是一种学习能力，是你认识错误、改正错误的前提。反省的过程，就是自我学习和完善的过程。没有良好的反省能力，不具备自我反省的意识，你就很难认识并改正自己所犯的错误，从而影响自己的职业发展。

平时看似风平浪静的时候，你也要时刻反省。"千里长堤，溃于蚁穴"，许多危险因素往往是从小变大，到最后变得无法收拾。要想防微杜渐，就应该做到"一日三省"。

美国通用公司CEO韦尔奇虽然工作很忙，但是每个星期的星期六晚上，他总要抽出一晚上的时间，把自己关在书房里，安安静静地检查反思自己：自己在工作上有什么地方没做好，哪些地方今后应该改进，自己有没有武断地做出决定，等等。对于这每周必做的"功课"，韦尔奇的理由是：若每年检查一次实施成果，则一年只有一次机会可以改正错误；若每月检查一次，则一年有十二次机会改正错误；若每天衡量一次，则一年就有三百多次机会改正错误。所以，每天衡量次数增多，机会当然会相对增加。因为韦尔奇的工作实在太忙了，所以只能一周一次。正因为这样，韦尔奇才能领导着危机重重的通用公司一步步走向辉煌。

韦尔奇之所以取得这么大的成就，不能不说这和他坚持自我反省有着巨大的关系。

一代名主唐太宗曾说："以铜为镜，可以正衣冠；以古为镜，可以见兴替；以人为镜，可以知得失。"中国文化中早就有"镜考"一说，意思是以前人的得失考校自己的行为。可见镜子在中国文化思想中，具有修身反省的意义。人们每天都要照上好几次镜子吧，可是在照镜子的同时反省自己行为表现的又有几个人呢？如果人能利用照镜子的机会，利用照镜子的时间来常常反省自己，就一定能够获得职业的良好发展。你可以去按照下面的两种简单方法去做好自我反省：

首先，每天在笔记本上做记录：我今天哪些地方做得不错？哪些地方做得不太好？为什么没做好？为什么能做好？做好的事情能不能做得更好？做不好以后该怎么做好？……然后给自己做个总结。每天或者每周都要抽出时间来做笔记，然后参照上次记录，看看自己是否有进步。

其次，利用每晚临睡前的5分钟～10分钟进行反思。坐下来，参照时间安排表，快速回放一天的情况，并决定第二天必须做的几件事，然后每天早上再用15分钟让自己集中精力，复习你将要完成的任务。

第三，激励自己。

绝大多数人不相信他们自己有能力实现愿望，因而他们也从不激励自己，反而是在关键时刻告诉自己："你不行的，还是别做白日梦了"，"我天生就是如此，再努力也没用了"……这些消极的语言不仅使他们丧失了自信，同时也封住了他们的潜能。在职场上成功的总是那些善于激励自己的员工。

　　成功不属于那些妄自菲薄的人。它偏爱那些相信自己并时刻激励自己前行的人。激励自己的方式有很多种。你可以通过各种信息来鼓励你的身心、振奋你的精神——当你知道某些名人有一万个消沉的理由却没有消沉的时候，你就不会因为一些琐事而过分烦恼；当你的周围充满鼓舞人心的事物时，你就很容易在事情发展不顺时继续前进；当你取得一些成就或者进步时，不妨给自己一点奖励，好好激励自己；将你所处行业最顶尖人士的照片贴在办公桌或者床头，树立目标说"我一定要做得像他一样出色"；起床后想象今天是良好的一天，尤其对于那些并不乐观的人，更要坚信这一点，事情往往会沿着我们期望的思路发展。当你坚信某件事时，这种自我暗示将直接影响事情的结果。

　　成功者在做事之前，就相信自己能够取得成功，结果他真的成功了，这是人的意识在起作用。人最怕的就是自己胡思乱想，自我设置障碍。做任何事，不要在心里制造失败，我们都要想到成功，要想办法把"一定会失败"的意念排除掉，增强自信心。

　　每天只要花5分钟进行3次有意识的、积极的自我暗示，我们就能够清除掉几个小时、几天，甚至是几周的消极想法。就像我们的身体每天需要不断补充有益于健康的肉食一样，我们的心灵也需要补充营养。有规律的、积极的自我暗示能够快速改变一个人多年的习惯、态度以及思维方式。成功的运动员经常用这类暗示来提高自己的表现、康复身心和进行技巧的巩固。在上场之前，世界级的跳高运动员就常暗示自己已经跳过了横杆，而职业足球运动员则想象他们赢得了世界杯。总之，新员工总是能从有益的自我暗示中获得不错的收益。

卡耐基说过："不能激励自己的人，一定是一个平庸的人，无论他的才能如何出色。"激励是我们生活的驱动力量，它来自于一种希望成功的愿望。没有成功，生活中就没有自豪感，在工作和家庭中也就没有快乐与激情。

第四，放松自己。

早晨，当你挣扎着睁开眼睛，发现天色已经大亮，再一看闹钟——天哪，闹钟停了！手机显示已经8点了，你起床准备穿衣服，却怎么也找不到可以换的干净衣服了。匆忙地漱洗完毕后，你穿着脏衣服一阵风似地冲出家门，关门的时候才发现钥匙关在门里。

开车在道上，心里越急，车就越堵。刚坐在办公室的座位上，你发现一份重要的文件怎么也找不到了，急得满头大汗……还不到上午11点，你的血压已经直线上升，快要失控了。正在这个时候，旁边的秘书悄悄告诉你：公司的中层据说要发生大变动……太多的压力，使你眼皮直跳、胃痉挛、浑身乏力，明明已经很饿了，中饭时你却怎么也提不起胃口了。以上这些，是每个中层主管都可能遇到的麻烦。身为主管，你所要承担的注定比普通员工多得多。如果不能学会放松自己、缓解压力，你可能就会产生严重的心理负担。那么，怎样才能赶走这些办公室坏情绪，给自己疲惫的身心减压呢？

（1）不妨跑到楼顶大声呼喊，把心中的不满和郁闷化作声音全部发泄出来。或者做体育运动，让自己大汗淋漓，然后洗个澡睡一觉。

（2）通过向朋友倾诉，减轻压力。当你的坏情绪涌上心头时，不妨先做做深呼吸，伸伸懒腰，之后给朋友打一个电话随便聊聊，你的坏心情也许会在不知不觉中被迅速化解。

（3）听听喜欢的音乐。轻松、欢快的音乐总能把你带到快乐老家，不管心情有多坏，只要听一听自己喜欢的曲子，你就会感受到你那愉快的心跳。当然，如果你能放声高唱出来，你的心情会变得更好。

（4）多往好处去想。当你心情不好时，想想同事曾经对你的赞美，想想老板曾经给你的关爱，你的心情一定会平和很多。

（5）互联网不仅仅是聊天、发邮件的工具，还应该成为你的职业发展的好帮手。网络中的BBS论坛可以为你提供职业交流、释疑解惑的平台。运用好互联网，你会发现工作轻松了不少。

（6）使每天的工作保持井然有序。有秩序的生活会使你每天头脑清醒，心情舒畅。每天上班前先调整下状态，然后把自己一天要做的事情按重要性先后列出来。下班前收拾好办公桌也是必要的。

（7）每天至少要保持半个小时的体育锻炼。最好能够每天给自己一点时间做自己喜欢的事情，或者回忆一些开心的往事，读一些有趣的书籍。

（8）与其为已经发生且无可挽回的事实破坏我们的情绪，还不如坦然接受事实。

除此之外，放松自己的关键，还在于有一颗平常心，保持一种良好的轻松心态。平时最好提醒自己努力做到：经常微笑、保持一颗童心和幽默感、学会镇静和宽容、身边有两三个好友、平时助人为乐。

美国著名的心理学家威廉·詹姆斯说："人能够改变心态，从而改变自己的一生。"通用公司的老总韦尔奇也曾说过："对于职场来说，心态大于技巧，习惯大于知识。"压力无所不在，关键在于你如何来应对这些压力。放松自己，改变心态，也是认识完善自己的一个重要方面。

第五，规划自己。

企业管理专家认为，个人的职业生涯发展计划可以从三个方向进行规划：纵向发展，即职务等级由低级到高级的提升；横向发展，指在同一层次不同职务之间的调动，发现自身才能与工作的最佳结合点，同时又可以积累各个方面的经验，为以后的发展创造更加有利的条件；向核心方向发展，虽然职务没有晋升，但是却担负了更多的责任，有了更多的机会参与公司的各种决策活动。

根据"职业经理人现状"调查显示，目前国内有超过三分之一的经理人没有为自己的人生和职业明确定位。没有准确定位和规划的人生，就像是一场没有球门的足球赛，球员和观众都会兴趣索然。想在职业生涯获得稳步的发展，规划好自己，给自己一个定位是非常重要的。

许多伟大的人物之所以成功，是由于他们在现实中找到了属于自己的最佳人生位置，由此设计和塑造了自己。

巴尔扎克在年轻时办过印刷厂，当过出版商，经营过木材，开采过废弃的银矿，但所有这些都没有取得成功，还弄得自己债台高筑。这不能不说与他缺乏自知之明，不能正确认识自己有关。后来，他发现了自己的写作天赋，潜心写书，终于成为一个闻名世界的作家。

乔·吉拉德是世界上最伟大的推销员，他连续12年登上世界销售第一的宝座。在35岁之前，乔·吉拉德却是一个彻底的失败者，换了40个工作仍然一事无成，甚至当过小偷。后来乔·吉拉德找到一个职业规划师，规划师认为他最适合做推销工作。乔·吉拉德听从了建议，短短三年之内就成为行业内的推销冠军。

人一生的时间和精力都很有限，我们不可能把所有的生活都体验一遍后，再挑选一个最适合自己的位置。争取在尽可能短的时间内，找到自己最适合的位置，充分地发挥自己的才能，才是比较靠谱的一件事。身为管理者，注定要比普通员工付出更多，因为你不仅要管理部下，更要管理自己。只要你能够把上面的几点做好，相信就能够成为一名优秀的管理者。

第 2 章

低调做人，进退自如

敬以向上，宽以对下，严以律己

管理者就是一把遮阳遮雨的伞，需要为下属营造一个发挥最大效能的环境，上面的一切压力当然要由管理者来承受。

现实中，这样的管理者却屡见不鲜：明明是部门的所有员工共同努力换来的成果，甚至某些成员还贡献了比管理者更大的力量，起到了比管理者更大的作用，在老板面前，管理者却对那些人只字不提，俨然所有功劳都是在他一个人的正确领导下取得的；等到犯了错误老板把他叫去批评的时候，他的理由一下子就来了，这件事情出了问题完全是因为某人执行不利，某人经验不足，某人假公济私等，反正和他一点关系都没有。

换个位置，假如我们现在是下属的身份，遇到这样"很自私"的顶头上司，会不会有"心拔凉拔凉"的感觉？自己辛辛苦苦了一遭，到头来全都是为他人作嫁衣裳；明明是按照上司的指示行事，出了错又全是自己的问题，怎能不让人萌生去意？

关于这样的管理者，台湾著名职业经理人余世维说过一句话："假如我手下的经理或者主管和我说这样的话，我只问他一句话，如果这些事情都是别人出的问题，那么我请你来做什么，这个公司还需要你做什么？"余世维先生通古博今，学贯中西，对中国人的性格自然有其独到的看法。尽管身为职业经理人，也算是一个打工者，他却能站在另一个角度发问，尖酸刻薄却又直逼人心，在所有国内中层管理者头上将警钟骤然敲响。

很多人会用这样一句话自我标榜：做事先做人。其实这是一句空话，做什么样的人，怎么做到，里面完全没有答案，远不如另外一句话来得实在：做了管理者，就别怕吃亏。道理不难理解。管理者是做什么的？是连接老板与下属的桥梁。中间人的位置决定了管理者需要在老板和下属之间寻求一种平衡，要让老板放心，也要让下属舒心，两个作用，缺一不可。那么中间那些窝心的事儿，只能靠管理者发扬风格，自己承担了。没办法，在其位，就要谋其政。

管理者既然要承担责任，就必须在很多方面考虑自己的做法。总结起来无非十二个字：敬以向上，宽以对下，严以律己。"敬以向上"是需要我们尊敬自己的上司，但不是阿谀奉承溜须拍马；"宽以对下"是需要我们对自己的下属宽容，但不是听之任之放任自流；"严以律己"是需要我们对自己要求严格，多讲奉献，少讲回报，给你回报是老板和下属的事情。事实上，如果一个管理者能做到这三点，老板自然会给你加薪，员工自然会给你成绩，何愁没有回报？

这与境界也有很大的关系。作为管理者，需要有一种高尚的"思想境界"，要多替公司、兄弟部门和下属着想，少为一己之私利着想。当部门利益与公司利益有冲突时（不是在原则上伤害了部门利益），我们需要优先考虑公司的利益；当兄弟部门有困难时，我们需要主动地予以支持，因为"助人实际上就是助己"；当个人利益与下属利益有冲突时，我们需要优先考虑下属的利益。

有些管理者，第一位考虑的就是自己的个人得失，这样的管理者不是称职的管理者，也不是"明智"的管理者。其实，作为管理者，我们除了"经济收入"外，还有综合能力的培养机会、人脉关系的建立机会等，这是一般下属所没有的，而这些往往是我们获得更高"经济收入"的基础和保障。因此从这方面来讲，我们也有很大的"额外"收益。当然，管理者也需要生存和生活，也希望获得与自己能力和奉献相匹配的个人收益，但这些不是通过我们多为自己着想、多为自己争取就可以获得的，是通过个人的努力和奉献，被上司认可后获得的。要知道，对老板而言，你是下属，他的公司运转流畅，他自然也会替他的下属考虑。

管理者的付出，更多还是体现在和下属的工作中。直到今天，中国人仍然是个等级观念深厚的民族，人人平等虽然一直在提，但几千年的传统不是说抛就能抛开的。太多的人在面对上司的时候会自然地产生一种敬畏感；同样，也有太多的管理者在面对下属的时候会本能地表现出自己的威严。这种威严怎么表现？当然是通过说话的称谓和语气等方式。

有些管理者，习惯于采用命令的方式安排下属的工作，习惯于采用斥责的方式批评下属的工作。"小刘，今天必须弄好这份报表，明天早上我要在我的办公桌上见到它。""小李，我不管你想什么办法，这一单必须拿下，这是死命令。""小张，你是怎么搞的，这个月的业绩这么差，每天都忙活些什么呢？"类似的话在管理者口中经常出现，可能很多人觉得没什么，上级这样和下级说话很正常呀。不要忘记，人都有一种被尊重的需要，即使是下属，也同样如此。他是下属，或许仅仅是因为他比我们年轻，不代表他低我们一等，我们有什么权力像使唤奴隶一样对待他们呢。作为管理者，工作中我们需要有意识地尽量"淡化"上下级差别，采用"建议"或"商量"的口吻来安排工作一定会比"命令"更有效，采用"晓之以理，动之以情"的方式来指出下属的过失或不足一定会比"斥责"更管用。

有些管理者担心自己的威信会不会因为自己这种和缓的交流方式而变得荡然无存，其实这种担心完全是多余的；恰恰相反，你的和缓只会让下属越来越尊敬你。我们都知道，敬爱的周总理堪称平易近人的典范，但没有人敢随意拍他老人家的肩膀，实际上就是这个道理。

抓住重点，带动一般，搞活全局

　　领导者就要高屋建瓴、统揽大局，"抓住重点，带动一般"，"突破难点，搞活全局"，能在全盘工作中抓住主要矛盾，找准工作重点，一切问题就会迎刃而解。

　　唐朝末年，浙江以东的裘甫起兵叛乱，已攻占了几个城池，朝廷任命王式为观察使，镇压动乱。王式刚上任便命人将县里粮仓中的粮食发给饥民。众将官迷惑不解，都说："您刚上任，军队粮饷又那么紧张，现在您把县里粮仓中的存粮散发给百姓，这是怎么回事呢？"王式笑着说："反贼用抢粮仓中存粮的把戏来诱惑贫困百姓造反，现在我向他们散发粮食，贫苦百姓就不会强抢了。再者，各县没有守兵，根本无力防守粮仓，如果不把粮食发给贫苦百姓，等到敌人来了，反而会用来资助敌人。"叛军到达后，百姓果然纷纷抵抗，不到几个月的工夫，叛乱就被平定。王式眼光敏锐，发现了粮食这个工作重点，轻而易举就平定了叛乱。

日本著名经营管理学家镰田胜说："优秀的领导者，都是把力量集中到一点上，靠全力以赴攻关才取得了一般人不能取得的卓越成果，其秘密就是如此简单。"他还说："如果一个领导在一个岗位干了很长时间仍不知道关键的工作，那就是一个不合格的领导。"这段话很中肯，领导者如果心无定性，遇到什么事情就干什么事情，不能分清工作的主次、轻重、缓急，胡子眉毛一把抓，到了最后肯定是一无所获。那么，怎样才能提纲挈领地开展好工作呢？应该注意以下两点：

第一，集中突破。

打仗的时候，有"集中优势兵力打歼灭战"一说，领导干工作时，也可以运用这个军事原则，那就是找准重点工作后，集中人力、财力、物力，健全组织机构、抽调优秀人才、加强舆论引导，其目的就是全力以赴地攻关，力争在尽量短的时间内有所突破，有所建树，让上上下下都能看见自己的政绩。如此一来，向上可以争取政策与财物，向下可以激励人心士气，形成良性循环，最终带动方方面面的工作都有所起色。

第二，心无旁骛。

中心工作是一个团队在某一个时期全部工作的灵魂，一切工作都应该为中心工作让路。如果领导同时搞几个中心工作，或者时不时地追加几个中心工作，会让大家迷惑到底该先干什么？俗话说"将军赶路不打野兔"，"五行不定，输得干干净净"，什么都想干好，什么都想抓好，结果什么也没有抓住。一段时间以后回过头来看，虽然忙忙碌碌，但政绩依然平平。

能在全盘工作中抓住主要矛盾，找准工作重点，一切问题就迎刃而解，领导者与平庸领导者的差距或许就在这个关键上。"抓住重点，带动一般"，"突破难点，搞活全局"，这历来就是行之有效的工作方法。

这种领导艺术，人们更喜欢用"牵牛鼻子"来做比喻。一头硕大的水牛，怎样驱使它？推它、打它都不灵，唯有牵着牛鼻子，牛才会乖乖地听人使唤。领导干工作也要善于抓住要害，统筹全局议大事，集中精力抓关键，积聚力量攻重点，才能推动全盘工作进程，提高工作效率。

思路、办法、成绩、经验，都是干出来的

在其职就得谋其政，领导者也有自己的岗位职责、工作任务，应该恪尽职守，勤于政事，认真负责地干好工作。

洪秀全从41岁进南京城至52岁自尽，从未走出天京城门一步，既不上马杀敌，也不过问朝政。其间仅颁布过25篇诏书，而且1854年至1858年间的政绩几乎为空白，5年竟然未发一诏。连他的老对手曾国藩也感到奇怪："洪逆深居简出，从无出令之事。"摊上这样的领导者，太平天国政权又怎会稳固！

现实中还有很多像洪秀全这样的人，他们有了一官半职之后，精神就变得很松懈，很多事情都不愿意亲力亲为了，就是自己分内之事也多交派下属去做，自己当起了优哉游哉的甩手掌柜。比如有的领导，从工作报告、会议讲话到汇报材料等，不分轻重缓急、不论文章长短，从不自己动手，全由秘书

代笔，他们只是在开会讲话时念念稿子而已。

现在所有的管理理论都强调"执行力"这个词，"执行力"是一个组织成功的必要条件，组织的成功离不开好的"执行力"，当组织的战略方向已经或基本确定，这时候"执行力"就变得更为关键。怎样才能保证"执行力"呢？领导者的工作态度、敬业精神无疑就是一个重要因素。

土光敏夫在接管日本东芝电器公司前，东芝已不再享有"电器业摇篮"的美称，生产每况愈下。土光敏夫上任后，每天巡视工厂，遍访了东芝设在日本的工厂和企业，与员工一起吃饭，闲话家常。清晨，他总比别人早到半个钟头，站在厂门口，向工人一一问好。员工受此气氛的感染，加深了相互间的沟通，士气大振，努力工作。不久，东芝的生产恢复正常，并有了很大发展。

麦当劳快餐店创始人雷·克罗克也是这样，他不喜欢整天坐在办公室里，大部分工作时间都用在"走动管理"上，即到各公司和部门走走、看看、听听、问问。20世纪60年代，麦当劳面临着严重亏损的危机。克罗克发现造成危机的重要原因之一，是公司各职能部门的经理有严重的官僚主义，习惯于躺在舒适的椅背上，指手画脚，将许多宝贵时间耗费在抽烟和闲聊上。于是克罗克想出一个奇招——将所有经理的椅子靠背锯掉。开始，很多人骂克罗克是个疯子，不久大家明白了他的一番"苦心"。于是他们纷纷走出办公室，深入基层，及时了解情况，现场解决问题。就这样，麦当劳在各级管理者的努力工作下，终于走过了困难时期，逐渐步入良性发展的轨道，规模越来越大。

"官不勤则事废"，这是清朝嘉庆、道光年间在山东、湖北、贵州等地任官的李文耕的名言。李文耕虽然没有什么名气，但说这话却是真理：如果一个领导者不尽心尽力、尽职尽责地干好本职工作，他所领导下的地方或者部门必定是混乱不堪、弊病百出的。

明神宗朱翊钧就是个典型的反面教材，虽然他在位48年，但后30年不理朝政，直接导致了1619年明朝军队在萨尔浒一战中丧师10万的结果，从而使明军丧失了对后金军队的优势，间接导致了明朝最终被清朝取代的结局。

领导者勤于政务是德政之基，善政之要，执政之魂，正如李瑞环同志所说："苦干可以出思路出办法，苦干可以出成绩出经验，苦干可以战胜困难开拓前进。"如果领导者对于工作吊儿郎当，上班三天打鱼两天晒网，又怎么能带出纪律严明、执行到位的团队呢？在其职就得谋其政，领导者也有自己的岗位职责、工作任务，应该恪尽职守，勤于政事，认真负责地干好工作。

既要恪尽职守，又不要事必躬亲

　　管理者的任务就是让下属好好干活，领导做好安排就是了，用不着事必躬亲。英国证券交易所前主管古狄逊一针见血地指出："管理是让别人干活的艺术，一个累坏了的领导者是一个最差劲的领导者。"管理大师德鲁克甚至说："下属能做好的事，自己绝不亲自去做。"

　　现代管理有着明显的层次分别。一个公司中应有决策层、管理层、执行层。各个层次都分别有与之相对应的职责和权利：决策层负责企业的经营战略、规划和生产任务的布置；管理层负责计划管理和组织生产；执行层负责具体的执行操作，如果管理者不能正确对待这一管理中存在的客观事实，把什么事情都揽在自己身上，事必躬亲，便会在管理中不可避免地出现这样或那样的问题，累了自己不说，事情也未必能解决好。

有一名厂长见到工人迟到就训斥一番，看到服务员的态度不好也要批评一顿。表面上看他是一位挺负责的领导，实际上他却违背了"无论对哪一件工作来说，一个下属应该接受一个老板的命令"这样一个指挥原则，犯了越权指挥的错误。下属的出勤本来是车间主任的管理范围，服务员的态度好坏是公司办公室主任的管理范围，厂长的任务则是制订企业的经营战略和生产规划，他管理的人员应是各车间及职能科室的负责人。

聪明人喜欢自己思考，独立行事，只有懒虫才会事无巨细地完全受命于人。如果企业的管理者包办一切，什么都不放心，从企业的经营策略到车间的生产计划，再到窗户擦得是否干净，他全管，这就恰好适应了那些懒虫的心理习惯：他们不愿动脑，不愿思考，只需伸手，便可完成工作了，出了问题也不承担责任。而此时正好有老板事事都包揽，谁不喜欢这样的"好"老板呢？

德国有个叫汉斯的企业家，在发展到拥有几家大百货商场后，依旧采用小店铺的老板作风，对公司上上下下，关切个彻透；哪个管理者做什么，该怎么做；哪个下属做什么，该怎么做，他都布置得细微妥帖。而当他外出度假时，才出门一周，反映公司问题的信件和电话就源源不断，而且尽是些公司内部的琐碎的问题。每一个管理者都深知充分调动起下属的积极性是非常重要的，但在实际工作中，有人却总会事无大小全部过问。这并不是一个可取的做法。埋头苦干并不一定就能得到老板的认可，老板最希望看到的是，管理层能最大限度地激发与调动下属的积极性，为公司创造更大的价值。假如汉斯在企业管理过程中培养一个二把手，并且做到职责清晰、层次分明，他至于连一个安稳的假期都过不好吗？

事必躬亲对管理者来讲并非一件好事。管理者把所有的事情都一篮子挑起，很容易滋养下属们的惰性，造成事无大小全凭指挥的缺乏思考和创造性的局面，以至于离了他，整个部门就无法正常运转。就管理成效而言，这是一种十分糟糕的情况。管理者事必躬亲的另外一个害处，是不利于调动下属的积极性与创造性，不能尽人才之用。创造性只有在不断的实践中才能体现出来，而喜欢自己动手的管理者恰好就截断了通向创造性的通道，使下属的行为完全听从别人的命令和指挥。长此以往，会使他们认为想也是白想，管理者早把一切都安排好了，即使有再新再好的创意也难见天日。

一个人的创造性如果难以得到体现，人也就无积极性可言，出了问题，便停止工作，等管理者赶来处理，没有一点的能动性。对于那些有才华、有能力的下属，他们会比普通人更加迫切地希望体现自己的价值，而工作中却处处都得不到体现，在这种情况下，难免会有一种压抑感，积得久了，就会递交辞呈走人，这是可以预见的事。让管理者不要事无巨细统统过问，很多管理者会说："那些下属没有一个成器的，我把工作交给他们，他们却是常常犯了一大堆错误才来找我，我怎么能放心？"还有一些管理者，虽然有了二把手的人选，也开始把一些日常事务交给他处理，但是自己还是隔三差五地过问一下，生怕没有自己会出了什么问题。

深究一下，造成这种状况的主因还是在管理者身上。任何人要成熟起来，都是需要实践，甚至需要在实践中通过犯错去吸取教训的。管理者不给下属自主权，他们即使做事，也不是按照自己的思路在做，不但逆反心理强，犯错之后还很容易把责任推到管理者身上，更别提总结经验了，这样怎么可能让人成熟起来呢？

管理者培养二把手也是一样，选择了他，就要给他相当程度的自主性，并且做好为他的错误买单的准备，这是所有人变成熟的必由之路。如果仅仅因为害怕为下属的错误买单，就表面一套，实际一套，表面上把权力交给了二把手，实际上还是自己在过问，这样做二把手不但不会有进步，甚至可能对管理者产生怀疑，对整个公司离心，这就实在太得不偿失了。

华人财富巨头李嘉诚先生在这方面就给大家做出了很好的榜样。20岁时，李嘉诚用自己的7 000港元积蓄，在一个破烂的工棚里办起了自己的小塑胶厂。工厂创业之初，资金少，人才缺，从原材料采购、设计施工，生产管理到产品推销，李嘉诚不得不亲力亲为，包办一切。10年之后，李嘉诚已成为香港的塑胶大王，工厂规模大了，员工多了，资金充足了，下一步怎么办呢？他还要把所有的事情都包下，把所有的担子都一个人挑起来吗？思量过后，李嘉诚毅然从事无巨细都得亲自过问的创业英雄式管理，转到依靠管理专家、技术人才的集团化管理上来，让具体的部门负责具体的事务，充分发挥下属的积极性和主动性，让部下劳心劳力。这样，他从琐碎的事务中脱身出来，把精力更集中地放到了大局上。公司从上到下，各司其职，公司的业绩蒸蒸日上。

现代管理理论认为，一个人的最佳管理幅度是5个~8个下属组织，如果超过这一幅度，就难以协调；而越过下属去直接指挥基层，就更会带来管理混乱及职责不清，不仅陷自己于事务之中，更会挫伤下属的积极性。因此，领导者不要太勤快，只管好该管的那么几个人就行。

领导是一个单位的指挥员，需要超前的理念、科学的决策、正确的用人和有效的组织，如果整天被杂事包围，拘泥于琐碎事务，缺乏思考，就很容易抓小遗大，坐失良机，甚至会不辨方向，盲目指挥，误入歧途。对于领导者来说，指挥团队"做正确的事"比教会部下"正确地做事"更重要，"想事"比"管事"更重要，"管事"比"做事"更重要。

既要"领着做"，又要"往前看"

一个领导人的发展潜力，最重要的是有没有眼光。所有行业的领导都有一个共性，就是用深邃的眼光找到成功的捷径，然后带领部属向着胜利的方向顺利前进。

克劳塞维茨在《战争论》中有一句很著名的话："要在茫茫的黑暗中看到微光，带领着队伍走向胜利。战争打到一塌糊涂的时候，将领的作用是什么？就是要在茫茫黑暗中，用自己发出的微光带领队伍前进。"这段话说的是，优秀的将领必须具有深邃的战略眼光。其实，不仅仅是军队，任何行业的领导都有一个共性，就是眼光长远，能看清成功的道路该怎么走，然后带领部属向着胜利的方向前进。

杨元庆在联想集团做微机事业部负责人的时候，就表现出了不同于常人的战略眼光。当时的市场情况非常不好，国产微机大都溃不成军，在巨大的压力下，杨元庆没有丝毫慌乱，而是以一个指挥家应有的从容镇定，在"茫茫的黑暗中寻找微光"。

杨元庆对整个家用电脑市场进行了分析，他看到，电脑市场在向家庭渗透，越来越多的人希望能够把电脑搬回家，但当时中国老百姓的收入不高，而一些高档电脑却价格昂贵。于是，杨元庆立志做物美价廉的电脑，将联想电脑定位为经济型电脑，以适应中国百姓的购买能力。为了降低电脑成本，以达到廉价的目的，杨元庆不惜改变元件的供应链。他对供应商说："如果你给我的货不能又快又好又便宜，我就找别人。"后来他果然把价格昂贵的供应元件退回去不少，然后，杨元庆和技术人员想方设法降低成本，他让技术主将刘军再接再厉地减少成本，刘军说所有的油水都挤得差不多了。杨元庆回答："不！还有！还有机箱！还有包装箱！还有包装箱里那些泡沫塑料！"最后出来的新机箱造价只有进口机箱的八分之一。就这样，在这场不见硝烟的战争中，联想成为最后的赢家。

"时势造英雄"，时势给每个人的机会都是相同的，但为什么只有极少数的几个人才能成为英雄呢？那是因为并不是每一个人都有长远的眼光，只有英雄才能认清时势。杨元庆就是凭着出色的战略眼光一举成为联想的功臣，这也为其后来掌管联想的帅印奠定了坚实的基础。

清末著名的红顶商人胡雪岩将自己成功的原因归结为两个字——眼光，他还就此留下了一段很经典的论述："做生意怎么样的精明，十三档算盘，盘进盘出，丝毫不漏，这算不得什么！顶要紧的是眼光，生意做得越大，眼光越要放得远。做大生意的眼光，一定要看大局，你的眼光看得到一县，就能做一县的生意；看得到一省，就能做一省的生意；看得到外国，就能做外国的生意；看得到天下，就能做天下的生意。"这段话同样适用于现代领导者。

1366年，朱元璋在应天（今南京）受到陈友谅和张士诚的两面夹攻。双方血战之时，江北形势骤变。小明王韩林儿和刘福通派出的三支北伐军遭到元军反击而惨败。小明王退兵安丰后，张士诚却派大将吕珍围攻安丰，情况十分危急。小明王多次派人向朱元璋征兵解围。为此，朱元璋召开军事会议，讨论派兵解困问题，会上议论纷纷，众将都反对派兵，连军师刘伯温也坚决不同意。但朱元璋却力排众议，毅然派兵去救小明王。

朱元璋为什么愿冒此风险？因为他认为安丰是应天的屏障，安丰失守，自己的应天就暴露在敌方攻击下，救安丰就是保应天；至于小明王，他在红巾军和劳苦群众中影响最大，最有号召力，是一面旗帜。朱元璋尊小明王为主，打他的龙凤旗号，一来是利用小明王的影响，争取人心，二来是将元朝打击的矛头引向小明王，以便实现他的更大图谋。

朱元璋的这一步棋走对了，他利用小明王的力量遮风挡雨，自己则在江南迅速发展势力。等羽翼丰满的时候，朱元璋又面临着先打张士诚还是先打陈友谅的选择。

当时张士诚和陈友谅的势力都与朱元璋旗鼓相当，究竟先攻灭哪一方势力呢？朱元璋的许多下属看到张士诚的军事实力低于陈友谅，就建议先攻张后打陈，但朱元璋却做出了与他们相反的判断。他的依据是：张士诚缺乏进取心，陈友谅却习惯进攻，如果先攻打张士诚，陈友谅必然会全力来攻打自己，使自己腹背受敌，而如果先攻打陈友谅，依照张士诚的性格，肯定会犹豫不决，不会参与他们的战争。于是，朱元璋果断决定先打陈友谅。后来的形势发展果然如朱元璋所料，部下们都对他的判断佩服不已。

后来，朱元璋又根据不断变化的天下大势，制定出了"先取山东，撤其屏蔽；旋师河南，断其羽翼；拔潼关而守之，据其户槛……然后进兵元都"的一系列正确的战略决策。长远眼光是正确决策的保证，正确决策是事业成功的保证，朱元璋一路顺水顺风，在短短16年的时间里，从社会最底层奋斗成为明朝的开国皇帝。

　　生物学家研究发现，在蚂蚁世界里，大部分蚂蚁很勤劳，他们不停地搬运食物，少数蚂蚁却东张西望不干活。但是，当食物来源断绝或蚁窝被破坏时，那些勤快的蚂蚁一筹莫展，懒蚂蚁则指引众伙伴向它们早已看到的新的食物源进发。眼光决定成败，领导者的"看"永远比"做"要重要。领导者应该学懒蚂蚁，先抬头看路，看到事物未来的发展方向，再指挥部属一起低头拉车，坚定不移地走下去，成功就指日可待了。

不四处邀功，要用业绩说话

只有出色的成绩，才能证明自己的管理能力，才能得到上级的认可与下级的拥护，才是一个出色的领导！管理者的生命力就是干出成绩。

无论是国与国之间的战争，还是团队与团队之间的竞争，本质上都是一场有你无我的争夺。无论争夺的是什么，都必须在成功之后才能得到，失败者非但没有资格，往往还要被剥削更多。

只有成功，才能赢得生存与发展的环境，才能赢得信心与尊严。只有骄人的成绩，才能证明自己的管理能力，才能得到上级的认可与下级的拥护，才是一个牛气的领导！而领导者就算是一个好人、一个能人，没有最终的业绩，一切都会烟消云散，不复存在。

崇祯16岁就当了皇帝，年轻有为，意气风发。他以雷霆般的手段清除了魏忠贤和客氏的势力，阉党之祸逐渐澄清，这与康熙智除鳌拜相比，一点也不逊色，使得朝野上下精神为之一振。

与历代所有明君相比，崇祯的才德也毫不逊色。他极有政治手腕，心思缜密，果断干练，并且精力充沛。他工作勤勤恳恳，兢兢业业，任劳任怨，简直是个工作狂，比起他的那些不理朝政的列祖列宗来，他简直就是完人。他从不近女色，对老婆忠心耿耿。有一次，手下给他选了几个年轻漂亮的宫女，被他痛骂一顿赶了出去，他说，国家都到这种地步了，怎么还想得到这些？此外，他还特别爱护老百姓，在最后命令吴三桂进京勤王的紧急时刻，仍然要他弃地不弃民，自杀时在遗书中还念念不忘"勿伤朕百姓一人"。他本身也很简朴，经常粗茶淡饭，不讲究饮食。

如果崇祯能力挽狂澜，中兴大明王朝，且不说历史如何改写，今人对他的评价肯定也不亚于秦皇汉武、唐宗宋祖。可惜的是，崇祯虽然有明主的素质，却没有明主的运气，更没有明主的成绩。在持续的内忧外患、天灾人祸的情况下，崇祯最终未能力挽狂澜，而是国破身亡。成功才是硬道理，后世的老百姓对崇祯的评价基本上只是一句："一个亡国之君罢了！"

领导者是干事业的，对于事业而言，只有两条路，要么成功，要么失败。成王败寇，这是古往今来永恒不变的道理，这个道理也许领导者在一帆风顺时感觉不到，但到了失败之时，就能深刻地体会到了。到那时，就算乌纱帽还在，但自身的威信、上级的信任、下级的服从、同僚的掌声都不复存在了。

全球领导者的榜样韦尔奇这样说："尽管我们每一位首席执行官都有不同的风格、不同的方法和不同的手段，但大家的目标是一致的，就是要胜利，所以最好的事情就是胜利！"韦尔奇自1981年至2001年担任通用电气公司总裁，在这20年间，他以卓越的领导能力，出色的管理艺术，使通用电气的市值增加了30倍，达到4 500亿美元，把一个历史悠久的通用电气公司变成了全球最受推崇、最具市场价值的跨国大公司。他还为企业界培养了大量高级管理人才，使通用成了赫赫有名的"经理人摇篮""商界西点军校"，美国三分之一以上的CEO是从通用走出去的。

韦尔奇辉煌的业绩使他变成了领导中的领导、CEO中的CEO，成了世界上最受尊敬的企业领袖。

打铁还需本身硬，成绩才是硬道理。领导者的业绩、政绩既是领导者能力大小的最终体现，也是衡量其领导水平的主要标准。

　　各种流派的领导学，林林总总的管理理论，其根本目的都是为了追求更好的工作结果。因此，领导者要想方设法提高自身的能力，运用自己的聪明才智去开展工作，以便创造出更好更大的工作业绩。

在该动脑子时，一动气就输了

"小不忍则乱大谋"，这是宋朝宰相杜衍的为官心得。这句话对于今天的领导者同样有着明灯般的指导意义。管理者对"忍"字是很有心得的，普遍认为，当领导要想成功，就必须在有的时候、有的地方学会"忍"。只有做到能"忍"，才能够保证事情的圆满成功，这也正是很多领导人成功的秘诀。

不要以为领导者就没有忍气吞声的时候，说不定他们比平常老百姓还更能忍。领导者一方面要不断提高自身的修养，做到心胸大度；另一方面，要能够做到忍辱负重，为了达到追求的目标而硬生生地忍下去。刘备、关羽、张飞三人生死与共，齐心协力，从寄人篱下到打下一大片江山，事业上可谓是十分成功。但这一份伟业以关羽败走麦城为转折，开始由盛转衰。先是关羽大意失了荆州，被吴国生擒斩首；接着张飞被部下暗杀遇害；最后，刘备七十万大军被东吴的一把火烧尽。

这一连串的"倒霉事"，是上帝的安排吗？不是。那是什么呢？是情绪失控。关羽的狂妄自大，为他的失败埋下了伏笔；张飞不能忍，为关羽报仇心切而心情失控，导致下属要了自己的命；张飞一死，稳重的刘备也忍不住了，顾不得孔明等人的苦苦规劝，执意伐吴，结果导致惨败。古往今来，要想预测一个人的前程，就是看他的涵养与做事的风格，看他是否有大将之风。要成为一个优秀的领导者，除了德行与能力之外，还视其能否将情绪操控得当。能不能控制情绪就要看该忍让的时候，能不能忍得下来。

美国现任总统特朗普，在竞选之前被称为"纽约不动产大王"，他出生在地产商之家，他的志向是创下一份比父亲更大的事业。还在沃顿金融学院读书时，他发现了某地有一个公寓村，共有八百套住房闲置。他建议父亲将这个公寓村全部买下来，交给他经营。经过一番修缮整顿，公寓的面貌焕然一新。一年后，他就将这里的八百套房子全部租了出去。

因为还要读书，特朗普就聘请一个名叫欧文的人当经理，代他管理物业。欧文颇有治事之能，很快使公寓村的各项工作走上正轨，几乎不用特朗普操心。但欧文有一个令人讨厌的毛病——偷窃。看见漂亮的、值钱的东西，他就忍不住想搬到自己家里去。仅一年时间，他偷窃的公物高达5万美元。

从心情上来说，特朗普恨不得让这个家伙立即滚蛋。从理智出发，他觉得还需要慎重。一方面，他一时找不到一个合适的人接替欧文的职位；另一方面，他认为这家伙还是很能干的，如果他能痛改前非，那是最理想的结果。思前想后，特朗普决定给欧文一个改过的机会。他将欧文找来，指出他的毛病，建议他以后一定要改正错误，而且还给他加了薪水。欧文原以为此番职务不保，没想到特朗普如此大度，他既羞愧又感激。自此，他改掉了恶习，兢兢业业工作，为特朗普创造了更大的利润。几年后，当特朗普卖掉这个公寓村时，总共赚了好几百万美元。

一个领导再牛也有低头的时候，必要时就得忍气吞声、忍辱负重，不能意气用事。这样既有利于对下属的管理，也有利于事业的发展壮大，这也是领导的秘诀之一。不过，忍耐不是目的，而是手段。人们对于"忍"，有两种表现：一种是胆小怕事，以忍求安；另一种则是忍辱负重，忍而待发。领导者要学的是后面的这种"忍"，为了一定的目的而忍，还得积极创造条件，为早日达到目的而努力。

西汉初年，由于刚刚结束秦汉、楚汉战争，所以国力空虚，军无斗志。北地的匈奴却经常骚扰汉朝边境，烧杀掳掠，无恶不作。打，实在没有力量和强大彪悍的匈奴兵做正面对抗。不打，边地人民的确受尽了苦难。若一味妥协退让，必然民怨沸腾。急得抓耳挠腮的刘邦最终选择了和亲的办法，他选了美女嫁给匈奴单于，这种和亲制度存在了很长的一段时间。在这期间，匈奴、西汉边界相对平静了许多。

在力量对比悬殊的情况下，刘邦能避其锋芒，选择隐忍表现出了王者博大的胸怀和非常人的忍受能力。但刘邦及其后继者并没有忘记受匈奴欺压之辱，一直厉兵秣马，积极准备。为了对付匈奴精悍的骑兵，西汉专门实施鼓励养马的政策，使得马匹数量大增，为建立一支强大精良的骑兵部队打下了坚实基础。同时加强财政管理，鼓励百姓多致力于生产，创造财富，为以后对匈奴的战略反击打下人力、物力、财力的基础。到了汉武帝刘彻即位时，西汉开始了有组织、有计划的战略反攻。首先，西汉建立了一支精良的部队，锻炼出了卫青、霍去病等优秀将领；其次，建设和完善战争所需的交通、邮传和烽燧设施；最后，外交上结好大月氏，东联貊貉，孤立匈奴。经过十几年的精心准备，西汉倾全国之力，集中了几乎所有的精锐部队，连续给了匈奴几次致命的打击，歼灭匈奴兵累计15万之多，并从根本上摧毁了匈奴赖以发动骚扰战争的军事实力。至此，匈奴再也无力与西汉相抗衡。

忍就是在心口插一把刀，人能忍得他人所难以忍受的东西，才能保全自我，保存实力；才能麻痹对手，悄悄地积蓄力量，为将来事业的成功积累资本。

第3章

外圆内方，绵里藏针

情况明了之后，要力排众议果断决策

领导做事一定要有魄力，"一朝权在手，便把令来行"，领导者在决策时应该要在全面了解情况、综合各种意见之后，果断地拍板定案。

古希腊的佛里几亚国王葛第士，以非常奇妙的方法，在战车的轮子上打了一串结，即有名的葛第士绳结。他预言：谁能打开这个结，就可以征服亚洲。一直到公元前334年还没有一个人能将绳结打开。这时，亚历山大率军入侵小亚细亚，他来到葛第士绳结前，不加考虑便拔剑砍断了它。后来，他果然一举占领了比希腊大50倍的波斯帝国。

"三军之灾，起于疑虑；用兵之患，犹豫最大"，果断是能否成为领导最重要的标志。因为在管理活动中，经常会面对"走下一步棋"的决策，在这种关键时刻，领导者必须要果断地做出自己的决定。有时事业的成败全看领导者是否能当机立断。

领导者在干事业的时候，应该虚怀若谷、从谏如流，广泛听取大家的意见。但是很多情况下，大家的想法并非一致。如果下属意见纷纭，各执一词，工作的进展必然会受到阻挠。为了使步骤统一、工作顺利进行下去，领导者需要力排众议，果断决策。如果优柔寡断，摇摆不定，必然会对工作的正常开展产生不利影响。

周朝立基之后，姜子牙想网罗天下贤才为国效力。齐国有一位贤人颇受当地人敬仰。姜太公慕名而来，诚恳地请他出山为周王管理天下，贡献才能。没想到，姜太公亲自登门拜访了三次都吃了闭门羹。

姜太公二话没说，下令要把他杀掉。百姓纷纷为这位贤士求情，但姜太公始终丝毫没有动摇。周王去求情也不管用，他便问姜子牙："这位贤士不求富贵显达，自己掘井而饮，耕田而食，正所谓隐居者无累于世，你为什么还要把他杀了呢？"姜太公坚定地回答道："四海之内，莫非王土；率土之滨，莫非王臣。在天下大定之时，人人应为国家出力。只有两种立场，不是拥护，就是反对，绝不容许有犹豫或中立的思想存在。如果人人都学这家伙不合作的态度，那普天之下还有什么可用之民，可纳之饷呢？所以把他杀了，目的在于杀一儆百！"果然，自此以后那些贤才再也不敢自视清高，孤芳自赏了，纷纷主动投到周王身边，为周朝的治国大业献计献策。

空中客车公司的执行总裁诺尔弗加德的领导经验有点类似于姜子牙，他说："一旦需要身为领导的你做出选择和取舍时，你就得变得冷酷无情……即使当我不得不解雇某个我比较看重的员工时，我也不能因为强烈的内疚而变得犹豫不决。这样做是在向员工们显示我的做法是正确、适宜的，我对我所做出的决定没有丝毫反悔的意思，并且充满信心，这样才是一个领导的最佳选择。"

领导者在拥有了决断权之后，在决策时应该要在全面了解情况、分析各种意见之后，果断地拍板定案，这有助于提高领导的感召力、影响力，赢得下属的赞赏与信赖。切忌优柔寡断，左右摇摆，或者议而不决、决而不行，不仅难成大事，也会遭到下属的耻笑。

甚至有时明知道决策有所欠缺，也要斩钉截铁，让下属无条件地服从，以此树立领导者的权威。工作上的失误今后还有机会纠正，但领导者失去了权威，就再难以推动团队的工作了。还是那句古话说得好："天下之事，虑之贵详，行之贵力，谋之贵众，断在于独。"

没主意的时候，也不可盲从于民意

　　管理者应该集思广益，但是不可盲从民意。社会是复杂的、人性是自私的、人心是善变的，这些因素决定了民意不一定是正义与公平的。领导者不可盲目地服从于民意。

　　齐威王当政时，朝廷里经常有人讲即墨大夫如何如何腐败。齐威王便派人到即墨去调查情况，发现那里人民安居乐业，官府没有积压的公事，边境也安宁无事。再有人参奏即墨大夫，齐威王都立即将他骂回去。齐威王听到最多的好话都是颂扬阿城大夫的，说阿城大夫治理阿城如何井井有条，说得他都打算把阿城大夫立为楷模，作为群臣学习的榜样了，于是就派人去搜集他的优秀事迹。可是那人回来向他报告说："阿城田野荒芜，官府腐败，民不聊生。"齐威王当即下令将阿城大夫斩首示众。

　　为什么民意与事实截然相反呢？事后他才知道，原来那些为阿城大夫求情，说好话的人，都是因为接受了阿城大夫的重金贿赂。而那些说即墨大夫坏话的人则是因为即墨大夫不向他们送礼送钱。每个团队中都不乏这样的人，他们为了达到自己的目的而造谣生事、指鹿为马，并纠集一群乌合之众来随声附和，以壮大声势，不明真相的人就会人云亦云、以讹传讹，这样的"民意"不是常常出现在你我身边吗？领导者对待民意一定先要看清本来面目再做出相应对策。即使民意是民众心声的真实表达，领导者也要从长远考虑，从大局考虑。

子产当上郑国宰相后，政治上制定法令，要求全国人民遵纪守法；经济上鼓励垦荒，并制定新的税收制度。这些措施刚一公布，全国怨声载道，老百姓甚至在大街上唱："可恶的子产呀，你什么时候才死去！"但几年之后，郑国在子产的治理下，国泰民安，风化肃然，出不闭户，道不拾遗。老百姓们不再责骂，反倒称赞起子产来。子产死后，郑国的农民不再耕作，妇女不戴玉佩，青年们捶胸顿足，男女老少一起号啕大哭："子产离开了我们，叫我们去靠谁呢？"

历史是不允许被假设的，但不妨想象一下，郑王要是在百姓责骂子产时，顺应民意，将子产撤职查办，那结局会怎么样呢？这个故事给领导者的提示是，一般民众看问题的眼光是有局限性的，看问题的角度往往是"于私"多于"于公"。而领导者就不同，肯定要比民众看得宽看得远，所以做事万不可盲目地服从于民意。

韩非子就曾经不客气地指责那些认为顺应民意才可治好国家的人，他大概是这样说的："民意就像婴儿的心理一样，婴儿不剃头发就会肚子痛，生了疖子，不挑破挤出脓水，就会逐渐加重。剃头发或挤疖子脓水时，婴儿会啼哭，呼喊不停，因为婴儿不懂得遭受一点小痛苦会解除大痛苦的道理。治国也是这个道理，君主急切地督促开荒种田，用来增加民众的财产，而民众却认为君主太严酷了；修订刑法、加重处罚，本是为了禁止邪恶的活动，而民众却认为君主太严厉了；征收钱粮，用来充实国家食库，以备救济灾荒、准备军队给养，而民众却认为君主太贪婪；要全国的人都必须懂得军事，不许私自逃脱兵役，同心协力积极作战，虏获敌人，而民众却认为君主暴虐。以上四种措施都是为了使民众生活安定，而民众却不为此而高兴。因此君主一定要明白，有的时候民意是不值得采用的。"

自古以来，人们都认为听取、顺从大众的意见的领导者肯定是一个好领导。其实不然，社会是复杂的，人性是自私的，人心是善变的，这些因素决定了大众的意见不一定都是正义与公平的。所以，要成为一个好领导者，应该理智地倾听民众的呼声。

用制度管人，才能成全别人解放自己

　　没有规矩，不成方圆。国家不可一日无法，军队不可一日无纪，单位不可一日无规。制度是管理的基础，是团队有序、有效运作的根本保证。领导者应该将合理的制度运用到管理中。

　　《韩非子》中有这样一个故事：古时历山下的农民，因地界闹纠纷，舜帝就到那里去，同农民一起种地，一年后就把田界划清了。黄河边上的渔民因争夺捕鱼区发生纠纷，舜又到那里去，同渔民一起捕鱼，一年后就使渔民能互相谦让有秩序地捕鱼了。对于舜的这种做法，韩非子认为很不可取。他说，舜制止一个错误居然用了整整一年时间，效率太低了。如果立下法规，定下制度，颁布天下，要求老百姓必须执行，并对违反者进行处罚。这样的话，只需十天，全国的问题就可以全部解决，哪里需要等上一年呢？

　　韩非子对舜帝行为的评说是有道理的。领导者必须通过法规制度将解决问题的工作程序确定下来，立法规、定制度比领导者事事亲自干要重要得多。因为人性如水，规章制度如渠，只有渠才能将水引导好。高明的领导者是能够运用规章制度来体现自己的影响力与控制力的。

　　18世纪末期，英国政府决定把犯了罪的英国人统统发配到澳洲去。一些私人船主承包了从英国向澳洲运送犯人的工作。最初，英国政府是以上船的犯人数为准向船主支付费用的。船主为了牟取暴利，尽可能地多装人，只要船离岸，船主按人数拿到了钱，对于这些人能否远涉重洋活着到达澳洲就不管不问了。有些船主为了降低费用，甚至故意断水断食。

　　3年以后，英国政府发现：运往澳洲的犯人在船上的死亡率达12%，其中最严重的一艘船上424个犯人死了158个，死亡率高达37%。为此，英国政府想了很多办法。比如，在每艘船上都派一名政府官员监督，再派一名医生，同时对犯人在船上的生活标准做了硬性规定。但是，不仅死亡率没有降下来，有的船上的监督官员和医生竟然也不明不白地死了。

　　无可奈何，政府又采取新办法，把船主都召集起来进行教育培训，苦口婆心地教育他们要珍惜生命，要理解去澳洲开发是为了英国的长远大计，不要把金钱看得比生命还重要，但是情况依然没好转。

一位英国议员看出了问题的关键，认为是那些私人船主钻了制度的空子，就建议政府以到澳洲上岸的人数为准计算报酬。于是，问题迎刃而解。船主主动请医生跟船，在船上准备药品，改善生活，尽可能地让每一个上船的人都健康地到达澳洲。结果船上的死亡率降到了1%以下。有些船运载几百人，经过几个月的航行竟然没有一人死亡。

这个故事让我们感受到制度的力量，一个有效的管理制度能规范下属的行为，让下属心往一处想，劲往一处使，达到设计管理制度的目的。一个单位如果不建立一套行之有效的管理制度，就很难维持正常的工作秩序，更谈不上创造优秀的业绩。

与制度管理相对应的是人治管理，就是指以人为主进行管理和协调的模式。这类管理也制定了一些制度，但有的模棱两可，比如，犯了错误好像可以处罚，也可以不处罚；有的荒诞不经，比如招聘的女职员乳房要对称等；有的标准不一，同样的事，对甲这样处理，对乙又那样处理；有的可操作性差，比如有的学校规定学生在公众场合放屁罚款5元，可怎么才知道是谁放的屁呢？

管理是一门关于人的学问，是少数人指挥多数人的学问。少数人要指挥多数人，最有效的工具就是制定一套切合实际，比较完整、规范的管理制度，用制度来管人管事。有句古话"无规不成方圆"，一个组织如果没有完善的管理制度，其麾下的人员也就无规可依，无章可循，就会出现各自为政的混乱局面。因此，如何制定出一套有效的管理制度，是每个领导者需要考虑的问题。一套有效的管理制度，应当做到以下几点：

第一，内容要合法。一个组织的管理制度的内容不得与国家的法律、行政法规以及政策相矛盾，否则这制度就是非法的，就是一纸空文。此外还要注意两点，一是制度的内容不仅不能违反劳动法、民法、合同法、婚姻法等法律，也不能违反国家的一些政策性规定。二是国家相关法律已经对某些普遍性的行为做出了规定，就没有必要在本组织的管理制度中重复强调了，否则会贻笑大方，有损领导者的权威。

第二，可操作性要强。制定制度的最终目的是为了便于执行，不便于实际操作的制度肯定也形同虚设。制度的内容要明确、具体，用词要规范、精确，逻辑要严密，不得出现互相矛盾、模棱两可的地方。

三国时期，刘备为节约粮食而禁酒，无论是臣还是民，只要家中有酿酒工具，就严加惩处，结果导致民怨沸腾。后来有一天，刘备和简雍走在乡间小道上，路上见到一男一女迎面而来，简雍就说这一对壮年男女行淫，理由就是他们有淫具。刘备想了一阵才明白，原来简雍是在转弯抹角地提醒自己的失误，于是立即取消了家中藏有酿酒工具就严惩不贷的错误规定。

第三，管理要人性化。人性化的制度更能聚集人气——令众多人才慕名而来；更能提高士气——让下属更自觉地工作。如果管理过于严厉、过于六亲不认，必然导致下属的消极怠工或者阳奉阴违。

某印染厂的一些女职工经常迟到早退，按规定应该罚款，但厂长知道这些女职工基本上是上有老下有小，家务劳动都很繁重，所以免不了迟到早退。为此，厂长立即召开了厂务委员会，专门研究这问题。会上，厂长讲了一段很有哲理的话："企业不能没有制度、纪律，而且要严格执行，否则，管理就会无序且流于形式。但是，纪律只是手段而不是目的，纪律要严但不能冷酷，制度无情人要有情。"最后，厂务委员会同意了厂长的提议，家庭负担重的女职工在完成工作任务的前提下，允许在半小时内迟到早退，而且工资、奖金不受影响。正是在这种有情有义的管理下，该厂的职工回报了企业更大的情义和忠诚。比如在夏天上班，因为电力紧张，工厂的供电指标有限，职工为了赶任务，就关掉了所有的空调器，省出电来加快生产，在43℃的高温下兢兢业业工作。

这种为单位而牺牲个人利益的事情，是很多领导者所梦寐以求的，但这不是"胡萝卜"所能刺激出来的，也不是"大棒"所能恐吓出来的，而是下属跟领导者以心换心所得来的。

第四，要不断更新。制度不能是死东西，不可能是一成不变、一劳永逸的。当然，规章制度不能天天变、月月变，朝令夕改也会有损制度的权威性与严肃性。这需要领导者在不断更新与相对稳定之间求得平衡，以便取得最佳的管理效果。

第五，要得到下属的认可。制定制度正确的做法是，首先由班子成员拟定出大纲，然后提交职代会讨论，征求修改意见，反复酝酿、沟通之后再做修改。必要时，还可委托有关专家对制度进行论证，没有问题之后再向下属公示，最后形成正式的管理制度。

管理界一直有着"坠机理论"的说法，是说一个组织需要在平日的管理中采取适当的措施，形成一套完善的制度，避免因单位的领导突然"坠机"，导致整个组织就像失控的飞机一样落得不确定的下场。若要避免组织"坠机"，就要形成一套行之有效的管理制度。世界知名企业丰田汽车公司，为什么能多年来长盛不衰？就因为丰田制定了一整套严格、有效的管理制度，这套制度被誉为"丰田生产方式"。

领导者要结合本团队的实际，广泛借鉴兄弟单位好的管理制度，细化管理环节，量化管理标准，努力形成一个有法可依、责任明确、宽严适度、操作性强的管理制度，保证工作井然有序。

对待"刺头"人物，要有分别地处置

管理者要正确面对不同的下属，在任何企业中，都会有一些不太容易管理的"刺头"人物，他们或者是老板的亲戚朋友，或者认为自己是能力超群的明星员工，或者是从创业时期就跟随老板一起打江山的老资历。无论是哪一种，都有一个共性，总感觉被管理者压在头上是一件很不爽的事情，也总想着凭借自己的一点点特别之处和管理者针尖对麦芒。有没有什么方法能管理手底下的这些"刺头"人物呢？

对于这些"特别"的下属，肯定要管，但也要讲究一定的策略，下面几点可供领导者参考：

（1）容纳恃才傲物者。

"有高山者必有深谷，有奇才者必有怪癖。"恃才傲物的下属常常特立独行，具有鲜明的个性。他们聪明、能干，是某一方面或某几方面的行家里手，充满创新精神或者野心勃勃。但他们往往很理想主义，眼睛容不得沙子，看不惯的人和事情，就会仗义执言。而且狂妄自负，根本不把任何人放在眼里，也不会轻易被权威所折服。这种人目空一切，有时还玩世不恭，对什么都不在乎，对工作非常懈怠，以至于工作质量和效果都比较差。这样的下属必然会破坏团队齐心协力、团结合作的良好气氛，其他的下属也容易被他们忽悠，以至于工作效率和积极性都大打折扣。

对于这种下属，领导者应从以下几个方面着手：

第一，提高素质，争取做到以才服人。如果自己的业务能力，哪怕只是某一方面能力强于他们的话，这些人就会对你心服口服。

第二，这种人服软不服硬，领导者不妨在无意间表达对他才华的佩服，还可时不时请教他一些问题，这样既能拓宽工作思路，也容易让他们服从管理。

第三，可以有意杀杀其威风，安排一两件看似简单实际上很难的工作让他们去做，他们如果完不成，自然就没有什么脸面再嚣张了。

第四，容纳他们，并充分利用其专长，给他一个展示自己才华的平台，满足其成就感，这样就能收服他们的心，而且还能达到"老板成就下属，下属成就老板"的良好效果。

中尾哲二郎在一家工厂干活，该厂厂长龟田一直没有重用他，因为他总是跟老板唱反调，甚至经常争吵。一次偶然的机会，松下幸之助发现了中尾哲二郎，经过调查，得知他虽然事事都跟老板作对，但他并非故意刁难，而是他的一些高明的见解得不到老板的认可。因此，松下很诚恳地邀请他到松下公司工作。

1927年，中尾哲二郎开始在松下公司担任技术员。八年之后，松下邀请他加入正在飞速成长的松下电器公司的执行董事会，又过了两年，中尾哲二郎又成为决策部门的高级董事，最后做到了松下企业的副总裁。在松下企业工作的几十年间，中尾哲二郎那种唱反调的工作态度丝毫不改，时常与同事、上司，甚至是松下发生争执，在董事会里面也常常唱反调，但松下还是容纳了他，因为他真的有才。松下自己也承认，要不是邀得中尾哲二郎加入他的事业，松下企业的发展，可能要大打折扣了。

（2）小人必须得收拾。

在一个团队中，免不了会有几个害群之马，为了达到自己的目的，他们趋炎附势、溜须拍马、妒贤嫉能、搬弄是非、蛊惑人心、挑拨离间、口蜜腹剑、背主求荣、过河拆桥、忘恩负义、心狠手辣、不择手段、拉帮结派……这就是所谓的小人。

对付小人下属，既要有一定的原则，还要有一定的策略和技巧。

第一，勤于检点。"苍蝇不叮无缝的蛋"，自己不贪财、不好色、不虚荣、道德高尚，小人的生存空间自然就窄。

第二，善于分辨。对付小人难在如何分辨，这需要长时间的观察，从其一言一行中去辨别，找准了目标才好下手。要注意的是，在此期间要从容镇定，不能打草惊蛇。

第三，果断下手，要做到"稳、准、狠"。稳，就是稳操胜券，开刀之前要搜集好证据并揭露其罪行，让上上下下都看清小人的真实的嘴脸，争取一剑封喉；准，就是直指其弱点，直刺痛处，让小人们无话可说；狠，就是出手利落，坚决果断，切忌犹豫不定，拖泥带水。

（3）学会应对"老革命"。

所谓老革命是指那些资格老的人，他们工作时间长，对团队的大小事情了如指掌，人际关系也较广，有的甚至还可能是领导者过去的同事与领导。因为资历老，他们处处以元老、功臣自居，工作上勉强应付，话语中挟枪带棒，行事上不阴不阳，交往中拉帮结派，动不动讨价还价，个人利益稍微受损，就撂挑子、闹情绪，根本不把年轻的领导者放在眼里。

对于这种下属的处理也是两难的，若要处处迁就，领导者威望扫地，还怎么去管理其他下属；若是坚决处理，他们在团队中很有号召力，牵一发而动全身，事情闹大了就更棘手了。即使处理，稍有不当又会落得个"卸磨杀驴"的恶名，也寒了众人的心，从此无人为团队卖命。

怎么管理这些"老革命"呢？首先是要尊重他们。

赵武灵王有个叔叔，人称公子成，是一个很有影响的老臣。赵武灵王推行"胡服骑射"改革之时，就亲自登门拜访这位叔叔，跟他反复地讲穿胡服、学骑射的好处，公子成的思想工作被做通了，就带头穿起胡服。大臣们一见公子成也穿起胡服来了，没有话说，只好跟着穿了。

管理"老革命"的另外一个办法就是让他们"功成身退"。

刘秀建立东汉王朝，得力于一大批为他卖命打天下的功臣宿将。他知道开国勋臣的权力过大，将会对皇权造成威胁。但他没有采取汉高祖"狡兔死，走狗烹"的强硬手段，而是采取了保全功臣的柔道。他大封功臣365人，赏给他们可观的封地，众多的民户，大量的钱帛，并彰扬他们的功勋。然后，劝他们一律回到自己的封地去过荣华富贵的生活，不再参与朝政。刘秀还不时派官员去慰问，把异域的奇珍异宝分送给他们。这样，东汉初期统治集团内部没有发生内乱，保持了政局的相对稳定。刘秀既巩固了皇权，还落得个不杀功臣的美名。

（4）管好身边的人。

领导者身边的人，既指领导者作为自然人而接触的一些亲密的人，如老婆孩子、父母兄弟以及亲戚朋友，也指因为工作关系而产生的那些经常在一起而且关系很近的人，比如秘书、司机、保镖等。这些人虽然无职无权，但俗话说"宰相门前七品官"，他们心理上就有一种优越感，感觉自己就是领导。他们如果狐假虎威，打着领导的牌子到处兴风作浪的话，不仅能谋取私利，还会让下属对领导者误解，甚至可能将领导本人拉下水。

南北朝时的梁武帝既是开国皇帝，又是亡国之君，他的政权短命的原因固然很多，但最根本的是他竟然纵容身边人搞腐败，以为那是维护领导班子团结的主要方式，结果导致国破家亡。梁武帝即位后，片面地汲取了刘宋、萧齐两朝"骨肉相残"的教训，企图用无原则的迁就去实现所谓的"骨肉相爱"，容纳甚至鼓励皇族成员贪赃枉法。他的六弟临川王萧宏搜刮民财贪得无厌，有近百间仓库，其中30余间用于藏钱，每间1 000万；剩余的仓库里装满了布、绢、丝、漆、蜡等贵重物品。梁武帝知道后不但不予以批评，反而称赞他会过日子。这一行为致使当时的奢侈之风愈演愈烈。

尽管梁武帝在位期间，一直这样姑息迁就身边的人，结果却事与愿违。国难之时，他的养子萧正德竟然秘密派船协助叛军渡过长江，指点他们包围了梁武帝的住处。当梁武帝望眼欲穿等待各路诸侯救驾时，被他纵容惯了的亲信们却按兵不动，只顾自己吃喝玩乐，静等梁武帝死后取而代之。

为了防止梁武帝的悲剧重演，领导者务必要管理好身边的人，做到是非分明，廉洁奉公。所谓"修身、齐家、治国、平天下"，只有自己一身正气才能管理好家属与身边的人，才能当好领导。此外，就是严禁身边人打着自己的旗号招摇撞骗，同时告诉所有下属，身边人来办什么事情一律不接待，这样他们自然就没有生存的空间。要做到这些，关键在于冲破情面的障碍，不怕落下一个"六亲不认"的罪名。

（5）巧妙对付有来头的人。

有来头的人就是有背景的人，他可能是某某长的亲戚，也可能是某某老的家人，更可能是能决定领导命运的直接上司的什么人。对于这些人的管理，领导者往往投鼠忌器，想管不敢管，想管也管不了。如何才能管理好他们呢？

第一，态度坦诚地与他们沟通，争取他们的支持。

第二，有些工作可以帮他们扛一下，小的过失可以原谅他们，毕竟人心都是肉长的，他们会感激你的。

第三，争取上面人的支持，这既包括有来头者身后的靠山，也包括自己的上司，有了他们的支持，难题就迎刃而解了。

第四，处理这些人一定要有理有据，师出有名就会让说情者免开尊口。

清朝末年，太监安德海奉慈禧太后之命外出京城结纳外臣。哪知这安德海骄横惯了，出京之后四处聚敛钱财。当他到达德州，就向德州知府丁宝桢索要贿赂。丁宝桢见其并未携带圣旨，于是就果断地将安德海一行人捉了起来，并立即斩首。原来清宫历来有一条祖训，宫内太监不许擅自离开京城40里，违者格杀勿论，并且可以由地方官将其就地正法。丁宝桢也正是抓住了这一条，杀了安德海以绝后患。一旦将安德海放虎归山，那么日后他必定会在慈禧太后身边百般地陷害和诬蔑丁宝桢，丁宝桢的下场可想而知会有多么惨了。

（6）远离"狐狸精"。

这里的"狐狸精"指的是那些喜欢跟领导眉来眼去的女性下属。她们不一定非常漂亮，但妖媚、妖艳，还很会体贴人，经常陪领导说个笑话、撒个娇，或者帮领导脱脱外套、按摩一下什么的。领导者一旦陷入这温柔乡，就会分散意志力和上进心，消解进取心和创造力，甚至世界观都会被颠覆，由此开始腐化堕落。

战国时期的杨朱，有次在宋国边境的一个小客栈里休息。他发现店主的两个女佣长相与所干的活很不相称，忍不住向店主人问是什么原因。主人回答说："长得漂亮的自以为漂亮所以举止傲慢，可是我却不认为她漂亮，所以我让她干粗活；另一个认为自己不美丽，凡事都很谦虚，我却不认为她丑，所以就让她管钱财。"

现代的领导者应该学学这位店主，管理女下属时，不是看漂亮与否，而应该看能干与否。有的领导者虽然不好色，但也不拒绝身边多几个漂亮的女下属，因为可以养眼嘛。于是对她们照顾有加，给其最轻松的工作和最优厚的待遇，这样做的恶果就是，会让下属寒心，会损害领导者的威望。

（7）坚决拆除"朋党"。

孟良崮一役，国民党整编74师全军覆没。在国民党军内部认为，这责任在于83师师长李天霞、25师师长黄伯韬救援不力。黄伯韬行动迟缓，整整一个美式装备师，三天打不下一道天马岭。李天霞则根本没有行动，虽然蒋介石亲自给他打电话督促，但他竟然只派了一个加强连冒充83师，虚张声势地向孟良崮进击，声言拯救张灵甫。但其主力却按兵不动，作壁上观，眼睁睁地看着友军覆灭。

蒋介石怒气冲天，因为这是他亲自批准的作战计划，而且张灵甫已经成功地吸引住了数十万兵力，如果救援部队行动迅速，不仅张灵甫能生还，甚至有可能会将华东野战军一口吃掉。蒋介石决心杀李天霞、黄伯韬，以平黄埔系军官以及自己的愤怒。

结果在华东战场军事检讨会议上，未等蒋介石说话，总指挥顾祝同为了自己的面子，首先指示黄伯韬上场，大骂张灵甫违抗命令，擅自行动；然后慷慨激昂，拍着胸脯表示，愿一身承担所有责任，与顾总指挥无关，与兵团司令汤恩伯也无关。黄伯韬侃侃而谈，发言长达两个小时，显然经过精心准备，并且与顾祝同、汤恩伯有过密谋，他们为了一己之私，为了逃避责任，把张灵甫说成了千古罪人。

李天霞做贼心虚，本来是准备受罚的，可是会议开始，他就发现有机可乘，于是急忙追随黄伯韬，称张灵甫目中无人，自作主张，大意轻敌，导致全师败亡……口若悬河，唾沫横飞，把张灵甫骂得一钱不值，把自己夸得花朵一般。这下蒋介石傻眼了。俗话说"法不责众"，何况这里面还有顾祝同、汤恩伯，他们结成团伙，官官相护，连蒋介石也顾忌三分。毕竟以后打仗过日子，蒋介石还得靠着这帮人呢！

所以，这个杀气腾腾的军事会议最终做出了这么一个软绵绵的决定：汤恩伯撤职留任，黄伯韬撤职留任，李天霞撤职下狱……号令一出，军心、人心凉了一半儿。有见识的人都叹气：国民党的江山没几天了！

这就是"朋党"的力量，一旦形成了势力，领导者也只能听他们摆布了。即便朋党不是针对领导者本人，也会引起下属之间的明争暗斗，使得团队变得乌烟瘴气。唐代的牛李党争、宋代的元佑党案、明代的东林党案都是这样。所以，下属中一旦有拉帮结派的苗头，领导者就应该及时化解，否则后患无穷。处理一个小团伙、小帮派是很棘手的，稍不留神，领导者自身也会因此万劫不复。相对于管理其他特别的下属而言，拆除"朋党"更应该讲策略、讲方法。

首先，要找准突破口，比如抓住他们的一个错误，小题大做，处理一些人，起到杀鸡骇猴的警示作用。

其次，利用"朋党"之间的矛盾，让他们彼此争斗，两败俱伤的时候，领导者再出面收拾残局，一统人心。

第三，擒贼先擒王，拿"朋党"的头面人物开刀，树倒猢狲散，小帮派自然就容易散伙了。

第四，分化他们，之所以形成"朋党"，无外乎是利益驱使，这些见利忘义之徒组成的团伙肯定不会是铁板一块，领导者不妨同样以利益为诱饵，从内部瓦解他们。

最后，领导者加强自身的道德品质方面的修养，用高尚的人格吸引更多的部下跟着自己走。

其实，无论是管理下属，还是领导团队干事业，领导者如果在德、才两方面都能成为下属的榜样的话，那么当一个好领导则是水到渠成的事情。

对待害群之马，绝对不可姑息迁就

美国斯坦福大学心理学家詹巴斗曾进行过一项有趣的试验：把两辆一模一样的汽车分别停放在两个不同的街区。其中一辆原封不动地停放在帕罗阿尔托的中产阶级社区；而另一辆则摘掉车牌、打开顶棚，停放在相对杂乱的布朗克斯街区。结果怎样呢？停在中产阶级社区的那一辆，过了一个星期还完好无损；而打开顶棚的那一辆，不到一天就被偷走了。后来，詹巴斗把完好无损的那辆汽车敲碎一块玻璃，结果仅仅几小时这辆车就不见了。

以这项试验为基础，美国政治学家威尔逊和犯罪学家凯林提出了一个"破窗理论"。他们认为：如果有人打坏了一栋建筑上的一块玻璃，又没有及时修复，别人就可能受到某些暗示性的纵容，去打碎更多的玻璃。久而久之，这些窗户就给人造成一种无序的感觉，在这种麻木不仁的氛围中，犯罪就会滋生、蔓延。"破窗理论"在社会治安综合治理以及反腐败中的作用是显而易见的，在企业管理中也有着重要的借鉴意义。它给管理者带来的启示就是：要如何处理第一个破坏制度的人。

一些管理者大概会说：那要看是什么事情了，大的错误当然不能姑息，但是一些无伤大雅的小错误，就用不着小题大做了吧，为芝麻小事兴师动众，实在多此一举。殊不知，这种观点是最要不得的。和一幢摩天大楼相比，火柴小得微不足道，但是要毁掉一幢摩天大楼，一根火柴就足够了，国外亦有著名谚语"一个马掌钉毁了一个国家"，这些都告诉我们：很多事情看着小，作用却一点都不小。所以，管理者对待随时可能发生的一些"小奸小恶"的态度，特别是对于触犯企业核心价值观念的一些"小奸小恶"，小题大做的处理是非常必要的。

这是发生在一家以极少开除员工著称的美国公司里的故事。一天，技术熟练的车间工人杰瑞在切割台上工作了一会儿之后，为了加快进度，赶在午休之前把工作量完成三分之二，就把切割刀前的防护挡板卸下放在一旁，因为没有了防护挡板，收取加工零件就会更快捷。大约过了一个多小时，杰瑞的举动被走进车间巡视的主管逮了个正着。主管顿时雷霆大发，不但要杰瑞马上将防护板装上，还站在那里愤怒地大声训斥了半天，并声称要作废杰瑞一整天的工作量。事到此时，杰瑞以为结束了，没想到，第二天一上班，有人通知杰瑞去见老板。在那间杰瑞受过好多次鼓励和表彰的总裁办公室里，杰瑞听到了要将他辞退的处罚通知。总裁说："身为老员工，你应该比任何人都明白安全对公司意味着什么。你今天少完成几个零件，少实现的利润公司可以换个人换个时间把它们补起来，可你一旦发生事故失去健康乃至生命，那是公司永远都补偿不起的……"

离开公司那天，杰瑞流泪了，工作了几年时间，杰瑞有过风光，也有过不尽如人意的地方，但公司从没有人对他说不行。可这一次不同，杰瑞知道，他这次碰到的是公司灵魂的东西。

这家公司本来以从不轻易开除员工著称，现在却因为这么一件"小事"就开除了一个熟练技工，然而没有人认为他们的做法是小题大做，包括当事人自己，因为他"打碎了建筑物上的第一块玻璃"。千里长堤，溃于蚁穴。再严明的法纪，也经不住人们一次又一次的违反和破坏。为了维护制度，管理者必须及时处理第一个以身试法的人，而且还要从严处理，这叫杀鸡儆猴。

管理者要通过杀鸡儆猴的方式确立制度的权威，必须有两个前提：

（1）"鸡"的选择。

惩罚下属是需要看情况的，因为下属犯错误的原因也各有不同。如果一个员工因为入行没多久不熟悉工作流程而犯错误，或者因为一时疏忽犯下错误，这叫不知道或者不小心，是所有企业都无法避免的。管理者惩罚这样的人，相当于否定了员工为了学习而付出的努力，很有可能使员工离心，得不偿失。真正应该选择重罚的，是那种明知道制度如何，行为上却在违反制度的人，他们才是真正打碎玻璃的人，也是即将带来恶劣影响的人，只有重罚这样的人，才能起到管理者希望看到的效果。

（2）准确的时机。

并不是所有时候管理者都需要杀鸡儆猴的。当公司里所有员工士气正旺，干劲十足的时候，管理者忽然心血来潮捕风捉影地找了一个员工的麻烦，其他员工的积极性就很容易被挫伤。只有当军心涣散，所有人都没有前进动力的时候，管理者才需要刻意制造一点紧张的气氛，而杀鸡儆猴，这无疑是很不错的方式，既可以打击出头之鸟，维护制度，又能让员工感受到压力，从而产生新的干劲。

"人性化"虽好，但要警惕"人情化"

管理者一定要将"人情化"与"人性化"分开。我们先看一个小故事。

两只困倦的刺猬，由于寒冷想拥在一起取暖。可因为各自身上都长着刺，太近了就会刺伤对方。于是它们离开了一段距离，但很快又冷得受不了，于是又凑到一起。几经折腾，两只刺猬终于找到了一个合适的距离：既能互相获得对方的温暖又不至于被扎。

这个现象给我们一个启示，也就是人际交往中的心理距离效应。管理者要把工作搞好，与下属之间保持融洽的关系必不可少，但同时也一定要注意与下属保持心理距离，免得彼此伤到对方。也就是说，做管理者的，在对待下属的时候既要善于放下架子，也要能时刻端起架子。放下架子，是要走到下属中去，和他们打成一片，在生活中给他们关照；端起架子，是管理者要拉下脸来用威严的面孔示人。

道理说起来永远都是简单的，但在实际生活中，尤其是在中国这个人情社会中，这条规则实践起来难度就大了很多。很多的管理者往往是放下了架子就再也端不起来，还有一部分管理者是端起来了就再也放不下，真正能两者得兼的，少之又少。有些管理者认为，越平易近人，越和下属打成一片，甚至称兄道弟，沟通起来就越容易顺畅。其实这种想法是错误的。

有距离才能产生美，尤其是在管理者和下属之间，保持适度的距离比没有要好得多。作为管理者，即使再民主，再平易近人，也需要保持一定的威严。而当众与下属称兄道弟，甚至与下属发展成哥们一样的私人关系，只能降低管理者的威信。

为什么这么说呢？道理也不难理解。如果管理者和下属之间的关系已经不再是单纯的上下级关系，还成了哥们，那么问题就会有一大堆。比如说管理者总不可能让所有的下属都成为自己的哥们，也就是说如果管理者开始和一些员工发展私人关系，那么对待其他的员工势必会不一样，就算管理者能一样对待，员工的感受也是不一样的。那么这个部门就会有了势力对立，这种情况不够管理者挠头么？再比如说，假如管理者成功地和几位下属做了哥们，当其中一个哥们犯错误的时候，管理者应该如何处理？

也许管理者会说："诸葛亮都能挥泪斩马谡，我为什么不能做到挥泪斩兄弟呢？"好，就算你斩了，员工也被镇住了，你自己会心安理得吗？另外的几个哥们又会怎么想？还有一个很大的可能性是，管理者满腔赤诚，想交几个肝胆相照的好朋友，但下属未必这么想，下属和管理者称兄道弟地套近乎也许是带着强烈的目的性，管理者做不到他就有意见，他会带头煽动其他员工造反，管理者的麻烦岂不是更棘手？这就是人情社会的毛病，事实上，太多的中国家族式企业做不大，也是因为差不多的原因——私人关系让很多问题无法处理。

所以管理者一定要牢记一点，人性化管理不等于人情化管理。管理者和下属之间可以是事业上的伙伴，工作中的朋友，但就是不能成为私交甚笃的哥们。

在谈到这一点时，联想第二任总裁杨元庆说："我怕距离太近影响了公正。我们需要有一个非常公正的环境，我要组织好团队，就必须做到公正、公平、公开，上上下下都是业绩和能力导向。上去的人一定有最好的业绩，决不是凭个人关系和我怎么样地好。我的确讲义气，但是我不会和手下做酒肉朋友，不能太做那些哥们义气的东西，不能天天去喝酒，天天在一起吃饭。作为一个领导，我要从内心体贴下属，想着下属，顾着下属，帮他解决实际问题，不仅是工作上的问题，还包括生活上的问题。"

无论怎么说，管理者和下属之间都存在着差别，工作等级，眼光视角都不可能一样，扮演的角色更是截然不同。管理者最不讨好的事情就是纠正下属的行为，尤其是在下属的工作进展不顺利的时候。如果管理者一方面要当下属的好朋友，同时又要做好管理者，只会是吃力不讨好。下属会对这种两面派行径怀恨在心，老板大概也会责备管理者不会与同事相处，让公司里人心涣散。

棘手的事冷处理，能将坏事变好事

所谓棘手问题，有这么几个特点：

第一，超出常规、复杂多变，处理起来无章可循或者没有先例。

第二，事关重大，对个人或团队影响深远，上上下下都在关注。

第三，往往涉及一些人的切身利益，所以处理起来很困难。

第四，突发性强，来得快，势头猛，变化快。

如果能将棘手的问题都处理得好，那日常工作更不在话下了。"摆平就是水平，没事就是本事"这句话，还真的是道出了领导学的真谛。

在管理活动中，领导者常常会遇到突如其来的棘手的事。在这个时候，一定要克制心情，头脑冷静，等事情过去之后，再查清事实并做出处理，这就是冷处理。

冷处理是一种理性的领导艺术，领导者不在情绪最激动的时候处理问题，先稍微冷静一下，整理一下自己的思绪，问问自己"问题出在哪里？我该怎么做才合适？"这远比冲动盲目行事要理智很多。冲动是魔鬼，处于愤怒状态中的人经常会失去理智，领导者如果在一怒之下盲目处理事情，结果往往会是错误的。

某大公司老板巡视仓库，发现一个工人正坐在地上看连环画。便怒不可遏地问："你一个月挣多少？""1 000块。"工人回答。老板立刻掏出1 000元给他大吼道："拿了钱给我滚！"事后，老板责问后勤主管："那工人是谁介绍来的？"主管说："他不是公司员工啊，是其他公司派来送货的。"

冷处理不是不处理，更不是不敢处理，而是暂时搁置下来，等大家都冷静下来后再处理。领导者与下属在具体工作中难免会产生不同的看法，甚至出现某些激烈的冲突。如果领导者主观武断地批评下属，就算下属真的有错，也可能会当面顶撞，反唇相讥。这时候你该怎么办？怕麻烦而开溜？自身的面子、威信往哪儿搁！继续争执下去？这样做很可能两败俱伤。与其因矛盾激化下不了台，还不如开始就高挂免战牌，缓和矛盾，给处理事情留下回旋的余地，还能显示出领导者的豁达大度。

石油大王洛克菲勒是现代商业史上的传奇人物，他的公司垄断了全美80%的炼油工业和90%的油管生意。在管理下属方面，洛克菲勒也很厉害，遇事时头脑清醒，能理智地处理好各种矛盾纠纷。有一次，洛克菲勒正在工作时，一位下属愤怒地闯入他的办公室，直奔他的写字台，并以拳头猛击台面，大发雷霆："洛克菲勒，你这个无情无义的家伙，我恨你！我有绝对的理由恨你！"办公室所有的职员都惊呆了，以为洛克菲勒一定会拿起墨水瓶向他掷去，或吩咐保安员将他赶出去。出乎意料的是，洛克菲勒没有这样做。他停下手中的活，平静地注视着他，如同被骂的是另外一个人！那名下属感觉莫名其妙了，本来是来吵闹的，但是，洛克菲勒这个样子，他反倒不知该如何是好了。左顾右盼了一会儿，只得尴尬地离去。洛克菲勒却像根本没发生任何事，拿起笔，继续他的工作。

事后，洛克菲勒了解到，该下属因为父母家中失火想请假，主管却拒绝了他，理由是洛克菲勒曾说过"工作永远是第一位的"。此事对洛克菲勒的触动很大：下属心思不在工作上，还能将工作干好吗？于是他主动找到下属，承认了自己管理上的失误，准许该下属回家帮助父母重建家园，并送了一笔慰问金。此举得到了员工的一致好评。

洛克菲勒能将坏事变成好事，靠的就是冷处理的管理方法。冷处理不是碰见矛盾绕着走的装糊涂、耍滑头，而是领导者处理突发事件展示出来的高度理性，是为了说服下属，建立友善的上下级关系，以此达到驾驭全局的高超手段。

随机应变留有余地，才是圆滑

一提到圆滑处事，人们心里自然会想到那种八面玲珑的领导形象，认为那就是圆滑，其实根本不是这么回事。对于一个管理者来说，圆滑的真正含义应该是懂得在不同的时机选择不同的办法，不管情况如何变化，总有恰当的办法随机应变，这才是真正的圆滑。

比如说见到有人在公司里给手机充电，管理者应该如何处理就是一个问题。一方面，这在现在的工薪阶层中实在是太普遍的事情；另一方面，对于员工的这种小动作，管理者即使明令禁止，也很难监督，更何况有一些人还并不是故意为了省家里的电。所以遇到这种情况，管理者最圆滑的处理办法莫过于留一半清醒留一半醉，如果非要像眼睛里揉不得半点沙子的人一样看到就严厉喝止甚至当众训斥，不但解决不了问题，很可能还会让下属心中产生负面情绪，如果下属把这种情绪带到工作中，那就得不偿失了。

可是如果员工连电动自行车都拿到公司来充电呢？这就和手机电池的性质不太一样了，管理者再圆滑，也不能睁一只眼闭一只眼了。最好的处理办法应该是单独和下属沟通，告诉他你的期望和容忍度，这次就算了，下不为例。这样下属又不失面子，管理者又解决了问题，可谓一举两得。

再比如说批评，管理者都知道这是很不讨好下属的事情，很多人也抱着能少则少的念头。这实际上是错误的想法。一个管理者能够圆滑地处事，不代表他不会批评下属，只能是不轻易批评，而一旦他发现事情必须要靠批评下属来解决，就应毫不犹豫地批评下属，圆滑的地方在于他会选择适当的时机和适当的方式，让下属既接受又不会产生太大的情绪。如果管理者不懂批评的意义与作用，只一味地用宽容忍让的情感对待下级，其工作绩效无疑是问题成堆的。

管理者处事要圆滑不意味着要做个老好人，有时必须进行必要的批评以加强纪律。如果做不到这一点，同样的过错还会再次发生。有些组织管理者碍于面子问题，从来不对下属提出批评。下属工作做不好，他宁可自己去做，也不愿意指出他们的不足；下属犯了错误，他也是睁一只眼闭一眼，装作没有看见；下属顶撞、打横、拒不执行上级的指示，他急得直打转，也不说一个字。这样的管理者并不能以处事圆滑来形容，更接近于不负责任。这些管理者之所以如此，主要有以下几个原因：

第一，管理者缺乏能力，或者是业务技能不过硬，心里发虚，不敢理直气壮地提出批评，怕下属有意见，在业务上拿一把，自己无能为力。因此，只好极力迁就，甚至不惜逢迎、恭维他们，失掉了一个管理者的身份。

第二，怕得罪人。这种人的性格比较软弱，或是怕下属不服气，顶撞自己，下不来台；或是怕被批评者有成见，对自己不利。他们的宗旨是"多栽花，少栽刺"。他们的真实思想是"工作好坏是公家的，有了意见是自己的"，所以不求有功，但求相安无事，息事宁人。

第三，出于好心，怕批评会伤害下属的自尊心，因此对下属只是哄着干。这种人属于"老奶奶"型，和蔼可亲，婆婆妈妈，虽能和下属"和平共处"，但是在下属眼中缺乏足够的威信。这种作风往往助长了某些错误行为的泛滥。

第四，是非不清，对下属工作的优劣好坏做不到心中有数。下属的行为已发展到危害集体、影响企业目标完成的程度，他仍视而不见，听而不闻，更不采取积极措施加以解决。

从上述分析中可以看出，作为一个组织管理者，如果不能恰当地运用批评的手段来纠正下属的错误，便是没有尽到管理者的责任。从管理者的职能来看，不敢批评下属的人，其实是没有当管理者的资格的。从个人能力来说，身为组织管理者，必须具有批评下属的自信和勇气，具备发现、纠正下属的错误并使之能够积极向上的能力。只有具备这样的素质，才能取得工作的高效率和高质量，才能保证达到工作的目标。

批评的确是一种相当难以运用的管理者艺术。批评就好像是在别人身上动手术，出了偏差就会伤人。这就需要管理者懂得管人的手腕，能够圆滑处事，正确地使用批评方法，抱着治病救人、与人为善的态度去批评，从理解下属的真情实感出发去批评。大多数人受责备时，都会觉得不舒服，但也有些特殊的人，把责备看成家常便饭，被责备一顿，过后立即抛之脑后。任你说破嘴皮，依然我行我素。

某公司的女经理，精明能干，手下一班干将做事干练、智勇双全。但不久前，一名好的助手调到别处，接任的是一名刚刚毕业的女大学生。这位新来的女大学生，做事马马虎虎，一些资料常常不加整理便递交上去，办公桌上的文件乱七八糟，女经理批评了她许多次，她仍一切如故。女经理决定改变一下政策。之后，她细心地发现女大学生的优点，并且立即给予称赞。这个办法果然奏效了，那个女孩慢慢地变得做事有条理了，也不再那么马虎了，一个月之后，她的工作效率可以达到让经理满意的程度了。

办一件事，方法是多种多样的，当一种办法不能奏效时，就应考虑寻找另一种方式。任何人，无论其官职大小都是有自尊的。人若没了自尊，那便无药可救了。没有自尊的人有两种情况：一是自己不珍惜而失去的；二是让别人给损伤的。所以，身为领导必须时时刻刻注意，不能伤害下属的自尊心。即使非常讨厌他，也不能当众表现出来。

有些人由于工作能力较差，做不好事情，不时地给领导添麻烦，于是整个单位都想将他调走，又没有人肯接纳他。有的领导便会说："他要是能调走，我磕头都来不及！"这种话是极伤人自尊心的，也是绝对不应该从管理者的口中说出来的。先不说这种话背后反映出的涵养问题，单是话本身就未必是正确的。

有一项研究调查表明：凡是自尊心强的人，不论在什么岗位上，都会尽自己最大的努力而不愿落于人后。所以，作为一名明智的管理者一定要保护下属的自尊心。不要因为一点点工作上的失误就当众批评他，即使你非常不喜欢他，尤其当其他同事在场时，更要注意。你可以采取一些其他办法，如当你的秘书在整理文件时出现了错误，你可以这样跟她说："你的报表做得非常认真，但是这些数字你看还有没有可以补充的？"这时，她一定会认真而虚心地接受你的"批评"，以后的工作也一定会更加努力。

事实上，即使是被大多数人认为"无用"的人，也有他自己的长处。他或许比别人差一点儿，却在某一方面潜藏着特长；也许他比别人笨拙，却也因此比别人更勤奋卖力，所以，总会有适合他的一份工作。身为领导者，首先不能在下属的能力还没有完全表现出来的时候胡乱评价，即使下属的确能力较差，也最好不要对他抱有嫌弃的态度。这也同样是管理者圆滑处事的一条原则。

财聚人散，财散人聚，人聚财更聚

在一个犹太人的小镇上，有两个富翁去世了。第一个富翁生前奢靡浪费，锦衣玉食，第二个富翁勤俭节约，淡泊名利。在第一个富翁的葬礼上，小镇的居民都来吊唁送行，而第二个富翁的葬礼，却只有自己的亲人来参加。

原因何在？小镇的居民是这样回答的："那个花钱如流水的富翁，路过丝绸店时会给家人买一匹新来的衣料，于是丝绸店的生意变好了；他定期会在家里招待邻居和亲友，每次Party，都会把小镇商店的货架扫荡一空；他的朋友和商业伙伴遍天下，那些来找他谈生意的人给小镇的旅店招来了客源……我们真是怀念他。"

这个故事，用经济学来解释就是：消费对经济增长的贡献大于节俭。而从管理学的角度来看，则可用一句中国格言来总结："财散则人聚，财聚则人散。"

领导者能照顾到手下人的利益，大家自然就会聚集到你的身边来，与你共进退。如果像崇祯那样舍不得钱，谁还跟你在一起为你兢兢业业地干活？又想马儿跑，又不让马儿吃草，怎么可能呢？就算现在改骑摩托了，也得加油是不是？所以在对待人才方面，领导者一定要舍得付出。

台湾首富郭台铭就是个"大方"的老板。经理级主管的薪水加红利，一年约有300万台币。副总经理级以上的年收入更是逼近千万元。郭台铭说："为了提升企业的竞争力，在投资设备和人才方面，我从不吝于花钱，只要是世界上最先进的设备、最顶尖的人才，不管开价多少，我都会想办法去购买。"

郭台铭的钱当然没有白花，人才给他创造的价值是惊人的。1996年前，鸿海集团的营业额只有100亿台币，而2006年的营业额达到了1兆台币，10年增长100倍。这骄人的业绩证明了"财聚人散——财散人聚——人聚财更聚"这样一个良性循环的待才之道。

得人心者得天下，失人心者失天下。在现在的经济社会里，钱的多少很能影响人心的向背。有一些领导总是精于算计，总想在下属的薪金上做点儿文章。该加薪不加，该发奖金不发，结果让人才负气出走，给自己带来莫大的损失。

麦克·利奇是谁？你可能连名字都没有听说过。但如果说他的财富可以与比尔·盖茨相比的话，你肯定就会惊奇了：我咋没听说呢？麦克·利奇是美国商界的传奇人物。10年之前，他还是一个刚刚走出大学校园默默无闻的年轻人。10年之后，他却一跃成为世界经济贸易巨人。他的公司经营项目广泛，涉及粮食、糖类、金属、军火等各个领域，每年的交易额高达100亿美元。他在30个国家开设有40个办事处，雇员有14 000多人，创造了一个个的商业奇迹。

那么，麦克·利奇是怎样发达的呢？这得感谢一下他当年的老板——菲利浦·索罗门公司的总裁杰尔森。倘若不是杰尔森克扣他的奖金，利奇直到现在可能还在该公司打工。

有一次，利奇为公司做成了一笔巨额生意，这笔巨额生意使得菲利浦·索罗门公司获得了巨额利润，一跃成为世界上最大的一家石油商。按照老规矩，利奇应该获得100万美元的奖金。但老板杰尔森却在这个时候后悔了，觉得100万美元这个数目太大，他不想兑现诺言，迟迟不付奖金给利奇。利奇一怒之下，联系上了另外一位石油商，仅仅一个电话就净赚了100万。利用这100万，麦克·利奇的国际公司在1974年挂牌营业了，而且目标就是搞垮菲利浦·索罗门公司，向杰尔森报复。

公司成立后，利奇利用过去跑业务结识的关系，成交了一笔又一笔大生意。石油、金属、粮食、蔗糖，什么买卖都做，积累了大量的资金。利奇也从杰尔森那里吸取了教训，与手下"大碗喝酒、大块吃肉、大秤分金"，论功行赏，大把花钱，绝不眨眼。结果利奇的威望与信誉日增，不仅手下个个死心塌地为他卖命，就连菲利浦·索罗门公司的不少人才也慕名而来。更要命的是，这些人还将原来的生意关系网络也牵到利奇的公司里，使菲利浦·索罗门公司遭受了巨大的损失。最终落得只有招架之力，狼狈不堪了。

杰尔森与利奇，一个是财聚人散，一个是财散人聚。准确地说，一个是"财聚人散，人散财更散"，一个是"财散人聚，人聚财更聚"。

领导者应该从中悟出"舍不得孩子套不住狼"这个通俗的道理。领导者最大的浪费，就是把宝贵的精力无谓地分散在许多事情上。毕竟领导精力也是十分有限的，想要面面俱到是不可能的。所以，领导者不要仅拘泥于琐碎的日常事务，而要放眼未来，总揽全局，干好自己该干的大事，让事业更上一层楼。

第 4 章

知人善任，奖惩有道

用人六诀：爱、识、聚、用、容、育

　　领导者与下属的不同在哪里呢？一般下属以其能力强弱来衡量才干，而领导者却是以能否任用人才作为其能力的依据。领导成就事业的杀手锏就是深谙用人之道。也就是说，除了领导者个人才能、品德等因素外，能不能选材、用才决定了他是不是一个好的领导。领导者知人善任、用人得法，人才就会知恩图报、群策群力，这是领导者缔造丰功伟业的根基。

　　有关识人用人之道，概括起来有六大方法：

　　（1）爱才有心。

　　领导者要把人才当作最重要、最稀缺、最宝贵的资源去对待，要像爱护自己的眼睛那样去爱护人才，刘备三顾茅庐请来孔明，萧何月下苦追得到韩信，这些经典的寻才故事说明，人才能否求得，取决于领导者是否诚心爱才。爱才才能得才，有了人才，就能开创事业，大展宏图。李嘉诚曾感慨地说："如果没有那么多人替我办事，我就算有三头六臂，也没有办法应付那么多的事情。所以，成就事业最关键是要有人能够帮助你。"

（2）识才有眼。

"世有伯乐，然后有千里马"，如何识别人才是任人唯贤的前提，也是领导者必备的基本素质。一个领导者是否能慧眼识才，直接关系到其事业的成败。东汉末年，群雄并起，刘表占据荆襄九郡，实力雄厚，并且水镜先生、诸葛亮及庞统等奇才都在其境内，可谓占尽天时地利人和，理应有所作为。但因其不能识才，几名奇才得不到赏识和重用，最后纷纷投奔了别人，他自己也落得个身丧子降、基业断送的下场。相反，刘备却因慧眼识才，先得徐庶，后得孔明、庞统，成就了一代霸业。

（3）聚才有力。

能否千方百计地吸引人才，形成一个多层次的人才团队，这是领导者能力强弱的又一个体现。靠什么来聚才呢？一是靠美好的共同愿景，二是领导者自身的人格魅力，三是良好的待遇。

（4）用才有道。

用才的最高境界是扬长避短、人尽其才、才事相宜。领导者务必要先了解和弄清楚每个人才的特长是什么，这种特长适合做什么，将人才的特长派上用场，使工作与人的特长对口，使人才效益最大化。朱元璋打天下的时候从浙东得到"四贤"，他根据他们各自术业的专攻，委以不同重任。刘基善谋，让他留在身边，参与军国大事；宋濂长于写文章，便叫他搞文化；叶琛和章溢有政治才干，便派他俩去治民抚镇，最终朱元璋得到了天下。

（5）容才有量。

容才是领导者最重要的心理品质，一个领导者必须具备容才的雅量，才能真正做到用好人才。容才一般包括以下三个方面：

第一，容人之长，就是要容得下比自己强的人。一个领导者用比自己强的人愈多，其事业成功的系数也愈大。

第二，容人之短。人无完人，才无全才，任何人都有缺点、短处，一个人没有短处也就必然没有长处，这就是识人的辩证法。优秀的领导者不仅能容人之短，还能短中见长，扬长避短地使用人才。

第三，容人之错。人非圣贤，孰能无过？人都难免犯错误。领导者应该有人才会犯错误的心里准备，更应该有允许人才犯错误的雅量。

（6）育才有方。

人才不是天才，都有一个成长和成熟的过程。仅仅懂得发现和使用现有人才，而不知道育才的领导者也是不称职的。人才总是在实践中不断成长，很多人才还有可挖掘的潜力，还有成长的空间，领导者要善于教育人才、锻炼队伍，给人才创造一个良好的成长环境，为人才提供一个增长才干和表现才干的机会，以促其成才。

识人之道：看出人外，看入人里

作为一名管理者，一定要有识别人才的方法。察古可以鉴今，中国几千年积累下来的识人用人的宝贵经验，对于今天的领导者如何识人用人，仍然具有借鉴作用和参考价值。领导者不妨从老祖宗们那里去寻找识人的智慧。

（1）《吕氏春秋》的识人智慧——"八观六验"。

"八观"包括以下内容：

通则观其所礼：如果他通达，就观察他都对什么人以礼相待；

贵则观其所进：如果他显贵，就观察他都举荐什么人；

富则观其所养：如果他富贵，就观察他供养的是哪些人；

听则观其所行：如果他听取别人的言论，就观察他的实际行动；

止则观其所好：如果他闲暇无事，就观察他爱好的是什么；

习则观其所言：如果他学习，就观察他说出来的都是什么话；

穷则观其所不受：如果他贫困，就观察他不接受的是什么；

贱则观其所不为：如果他低贱，就观察他不去做的事情是什么。

"六验"包括以下内容：

喜之以验其守：使他欢喜以考验他是否不失常态；

乐之以验其癖：使他快乐以考验他是否放纵；

怒之以验其节：使他发怒以考验他是否能够自我约束；

惧之以验其特：使他恐惧以考验他是否能够自制；

哀之以验其人：使他悲哀以考验他是否能够自制；

苦之以验其志：使他困苦以考验他是否不变其志。

（2）西汉文学家刘向"六正"与"六邪"的鉴人法。

"六正"鉴人法包括以下内容：

圣臣：事情的端倪尚未萌生，形迹尚未出现，就能清楚地看到存亡之机和得失之要，从而防患于未然，使人主安然无恙，常处于繁荣之境地。这样的人就是圣臣，如帮助刘邦打江山与治理天下的萧何。

良臣：能够虚心尽意、经常给人主出好主意，勉励上级遵行礼义，献之以良策，顺成其美政，匡正其错误。这样的人就是良臣，如敢于向皇帝直言进谏著称、被李世民尊为"朕的一面镜子"的魏徵。

忠臣：早起晚睡，兢兢业业，能不断地向人主推荐贤才，以历史上英明君主的事迹激励人主，对其大有帮助，能够使国家安全，社会稳定，民众幸福。这样的人就是忠臣，如尽心竭力辅助幼主，连孔子都十分推崇的周公。

智臣：能够明察秋毫，预测成败，及早地加以预防或补救，堵塞漏洞，杜绝祸害的根源，化险为夷，使人主没有忧虑。这样的人就是智臣，如智破曹魏五路兵马围攻的诸葛亮。

贞臣：能够奉公守法，为官办公，不受贿赂，对官禄和赏赐推辞不受，仪表整洁，生活俭朴，不铺张浪费。这样的人就是贞臣，如先后在武则天、睿宗、玄宗三朝任过宰相的姚崇。

直臣：在国家动荡、人主昏乱的时候，从不阿谀奉承、溜须拍马，敢于犯颜直谏，历数人主的过失，不怕被砍头，为了国泰民安而无所畏惧。这样的人就是直臣，如抬着棺材大骂昏庸皇帝嘉靖的海瑞。

"六邪"鉴人法包括以下内容：

具臣：贪图高官厚禄、荣华富贵，不务公事，与世浮沉，庸庸碌碌，左观右望，得过且过。这样的人就是具臣，这种毫无作为的臣子在历史上数不胜数。

谀臣：凡是人主说的话都一律说好，凡是上级所喜好的就挖空心思地搜寻，以此投其所好，取悦人主，引导人主吃喝玩乐，不务正业。这样的人就是谀臣，如古往今来最大的贪官和珅。

奸臣：外貌乖巧、巧言悦色却嫉贤害能。凡是他举荐的人，只说他的优点而不谈缺点；凡是他排挤的人，只讲他的坏处而不谈好处，以使人主赏罚不当，号令不行。这样的人就是奸臣，如杀岳飞、贬忠良、向金纳贡称臣的秦桧。

谗臣：其智谋足以文过饰非，其巧辩足以行其谬说，离间人主的骨肉之亲，造成上下之间的混乱。这样的人就是谗臣，如先是指鹿为马而后发动政变的赵高。

贼臣：专权擅变，颠倒黑白，混淆是非，结党营私，损害国家和人民的利益，挟天子以令诸侯，并以此抬高自己的地位，这样的人就是贼臣。如宋徽宗所宠信的"六贼"——蔡京、童贯、王献、梁师成、李彦、朱耐。

险臣：用奸邪之言谗陷人主，陷人主于不仁、不义、不忠、不孝之地，结纳朋党，蔽塞君听，使人主不分是非对错，最终导致人主的恶名流播四方。这样的人就是险臣，如专断朝政、凶暴淫乱的董卓。

（3）诸葛亮的知人七法。

问之以是非而观其志：在是非曲直之间观察某人的选择，看他是否有一个正确的价值观、人生观。

穷之以辞辩而观其变：通过对某人进行打破砂锅问到底似的提问，既可以考察他的知识，也可以从中发现其心胸是否开阔。

咨之以计谋而观其识：向某人询问计谋来了解他的谋略与见识，看他是否有真才实学。

告之以祸难而观其勇：突然对某人说大难将至，然后看看他的胆量与气节。

醉之以酒而观其性：看某人醉酒后的表现，是老成稳重还是酒后乱性。

临之以利而观其廉：故意给某人制造很多可以贪小便宜的机会，看他是否见小利忘大义。

期之以事而观其信：让某人去完成一件事情，看看他能否克服一切困难，去千方百计地完成任务，以此考察他的责任感与工作态度。

（4）曾国藩相人识人的七个方面。

神骨：是"神"与"骨"的合称。"神"主要集中在人的眼睛里，如果能辨别神的清浊邪正，就能够知道一个人的忠奸智愚。"骨"是神的内在实体，主要表现在人的面部上，骨色外现就是面色，表现出来就是精、气、神。

刚柔：是指人体相貌，"刚"就是突出不平的部位，"柔"就是凹陷不足的部位。刚柔有内外之分，外刚柔指人外部形象的长短方圆，而内刚柔则是用来区别人的性情的喜怒哀乐和人的心机城府的深浅、伏藏。辨别刚柔可以把握人的性情品格。

容貌：是由"容"和"貌"两个概念组成的。"容"是指人的体态，体态要求要均匀、均衡、和谐，与长短肥瘦没有关系。"貌"是指面貌，由口、耳、眼、鼻等组成。曾国藩认为，对一个人可以察其貌来观其才。

气色：辨别一个人的气色，能判断他的工作、身体、学业、生活等方面的情况。曾国藩认为，人实际是以"气"为主的，在内就为精神，外现就为气色。

情态：就是人的神情状态。它与人的精神、个性、品格、学识、修养、气质、阅历等息息相关。观察一个人的情态，可以评判他的精神气质。

声音：声音如天地之间的阴阳五行之气一样，也有清浊之分，清者轻而上扬，浊者重而下坠，识人高手是能闻其声而知其人的。

须眉："少年两道眉，临老一副须"，曾国藩认为，一个人少年时的命运如何要看眉毛，而晚年的运气则看胡须。

中国历史源远流长，文化传承绵绵不断，人才智慧更是闪烁夺目。在浩如烟海的古籍中，记载识人用人的思想和方法、趣闻和轶事的文献十分丰富，可以说遍及经、史、子、集，见诸儒、道、法、墨、名各家。这些几千年积累、沉淀下来的识人用人的宝贵经验，对于今天的领导者如何准确识别和选拔、培养和使用人才仍然具有重要的借鉴作用和参考价值。

用人之长：发现和发挥属下的一技之长

有人说：没有平庸的下属，只有平庸的领导。高明的领导总能善于发现、发掘和发挥属下的一技之长。

欧洲流传着一个笑话，说在天堂里英国人当警察，法国人当厨师，意大利人谈情说爱，德国人来组织一切。地狱呢？就是由法国人当警察，英国人当厨师，德国人谈情说爱，由意大利人来组织一切。因为英国人严谨，法国人厨艺一流，意大利人感性，没有组织观念；而德国人极度古板，较真。把他们各自放在适当位置，可以享受天堂的生活，若将他们位置搞乱，则与地狱无异。这个笑话的寓意是很深刻的：领导者用人得当与否，会形成天堂与地狱的天壤之别。如何用人，这是一门很深的学问，关键的一点就是做到用人所长。任何人都有这样或那样的缺点和短处，并且这些缺点和短处几乎是不可改变的。高明的领导者在用人时，不会盯住人才的缺点，而是发现人才的长处，让他的某方面特长能为团队的事业作出贡献。

在明代十六位皇帝中，永乐皇帝朱棣是仅次于朱元璋的最有作为的皇帝。朱棣当皇帝二十年，摸索出了"君子与小人"的一套用人经验。有一次，他和内阁辅臣聊天时谈到用人，对现任的六部大臣逐一评价，说了一句："某某是君子中的君子，某某是小人中的小人。"这两个人当时一个是吏部尚书，一个是户部尚书。

用"君子中的君子"理所当然，为什么"小人中的小人"还能得到重用呢？这正是朱棣用人高明的地方："君子中的君子"做吏部尚书，不会结党营私，把自己的门生、亲戚和朋友全部安排到重要岗位上，而是以国家利益为重，为国家、朝廷选拔人才；"小人中的小人"做户部尚书，能为了把财税收上来而不择手段。朱棣每年的军费开支非常大，正常的财政收入根本应付不了，除了常规的赋税，每年还必须要有大量的额外收入来支撑军费。所以他必须找一个会给他筹钱的"小人"。

人力资源管理中有一句名言：没有"平庸的人"，只有"平庸的领导"。每个人总是有长处的，领导总是善于发现每个下属的特长，并加以引导和开发，有效运用他们的长处，以便更好地为自己所用。为什么要用人所长？一是"术业有专攻"。任何人只能在某一领域是人才，一旦离开他精通的领域，人才就会变成庸才。二是人的特长具有"用进废退"的性质。特长越用越能发展，废置一边就会退化萎缩。不能发现或者不能使用人才的特长，不仅是最大的人才浪费，而且也是对人才的一种压抑。

用人所长是一个很通俗易懂的道理，但为什么很多领导者做不到呢？这恐怕与领导者的心态有关。有些领导担心人才超过自己而不能驾驭，因此不敢用水平比自己高的人，生怕被抢了风头甚至职位。英国政治学家帕金森在《帕金森定律》一书中，针砭的就是这种官场上的通病：自上而下奉行的是能级递减，一流的找二流的当部属，二流的找三流的做部属，愚蠢的下属多多益善，精明的人往往被拒之门外。"能级递减"的用人之术虽能保证下属听话，但迟早会断送领导者的事业和前程。

广告业的创始人奥格威在一次董事会上，事先在每位董事的桌前放了一个玩具娃娃并神秘地说："这就代表你们自己，请打开看看。"当董事们打开玩具娃娃时，惊奇地发现里面还有一个小一号的玩具娃娃。继续打开，里面还有一个更小的……最后一个娃娃上放着奥格威写的字条："如果你永远都只启用比你水平低的人，我们的公司将沦为侏儒公司；如果我们每个人都任用比我们自己更强的人，我们就能成为巨人公司。"

这就是管理学中著名的奥格威法则。说的是：用人之长既是领导者的职责，也是衡量领导者管理水平、能力高低的重要标准之一。善于发现、发掘和发挥属下的一技之长，这才是领导者用人艺术的精髓所在。

人才搭配：各尽所长又互补各自所短

搭配人才，也是管理者的必修课。将各种各样的人才合理搭配，既能让每个人才各展所长，又能让组织结构务实高效，还能让整个团队更具有战斗力。

恩格斯曾讲过一个关于法国骑兵与马木留克骑兵作战的寓言。骑术不精但纪律性很强的法国兵与善于格斗但纪律性涣散的马木留克骑兵作战，若分散而战，三个法国骑兵都战不过两个马木留克骑兵；若百人相对，则势均力敌；而1 000名法国骑兵必能击败1 500名马木留克骑兵，其原因在于，法兵在大规模协同作战时，发挥了协调作战的整体功能。这正说明了系统的要素和结构状况对系统的整体功能起着决定性作用。

上述寓言说明的是，领导者对于人才的使用，要争取做到整个队伍的构成呈优化组合状态。所谓优化，绝不是最优秀人才的聚集，而是各类专门人才的汇总。通常来说，一个团队中要有这样一些人才：有高瞻远瞩、多谋善断、具有组织和领导才能的指挥型的；有善解人意、忠诚积极、埋头苦干的执行型的；有公道正派、铁面无私、心系群众的监督型的；有思想活跃、知识广博、善于分析的参谋型的……如果团队中全是同一种类型的人才，那肯定搞不好工作。只有合理地搭配人才队伍，才能做到人尽其才、各展所长，整个团队才更具战斗力。

李嘉诚就是一个精于搭建科学高效、结构合理的人才队伍的优秀领导者。在他组建的公司领导班子里，既有具有杰出金融头脑和非凡分析本领的财务专家，也有经营房地产的老手；既有生气勃勃、年轻有为的港人，也有作风严谨、善于谋断的洋人；既有公司内部的高参、助手和干将，又有企业外部的智囊、谋士和客卿。评论家对此评论是："既结合了老、中、青的优点，又兼备中西方的色彩，是一个行之有效的合作模式。"

价值连城的钻石和普普通通的石墨，一个坚硬无比，一个柔软细腻，但两者的构成元素却是一样的。同为碳原子，仅仅因为排列的不同，就产生了截然相反的两种物质。同样，合理安排人才的组合方式，既能让每个人才超水平发挥作用，也会使整个人才队伍的能量成几何数增长。

　　一台发动机或者一辆汽车，甚至一架飞机，拆散了不过是一堆机械零件和螺丝钉，没有计划、没有组合地堆积在一起，只能算作一堆废铁。正因为组合得好，所以才价值不菲。用人如用药，老中医因为熟悉各种药材的药性，配药得当，常能取得奇妙的功效。同样，对于每个下属在能力、性格、爱好等方面的不同特点，领导者也要心中有数，这样才能将各种各样的人才合理搭配，使得个人和队伍都能够发挥出最佳的人才效益。

　　唐太宗就很注意合理搭配使用人才。他将手下个性迥异、能力有别的人才一个个都放在了适合的位置上，从而使得人才队伍构成合理、组织结构务实高效。房玄龄处理国事总是孜孜不倦，知道了就没有不办的，于是太宗任用房玄龄为中书令。对于国家大事，房玄龄能提出许多精辟的见解和具体的办法来，但却不善于整理，很难决定颁布哪一条。杜如晦虽不善于想事，却善于对别人提出的意见做周密的分析，精于决断。于是唐太宗将他们俩搭配起来辅佐自己，从而形成了历史上著名的"房谋杜断"的人才结构。

　　此外，唐太宗任用敢于犯颜直谏的魏徵为谏议大夫，任用文才武略兼备的李靖为刑部尚书兼检校中书令，都做到了人尽其才、才尽其用。房玄龄、魏徵、李靖等人的合理搭配，各得其所，尽展风采，让大唐初期形成了一个盛世。

一加一等于二，这是尽人皆知的简单数理逻辑，可是用在人才使用的组合上却不一定。如果搭配得恰当，一加一不但等于二，很可能等于三、等于四，甚至一千、一万。可是，如果调配不当，一加一不但可能等于零，还可能得出负数来。所以，领导者不但要考虑到下属的才智和能力，还要特别重视人才搭配要合理才行。

涨工资不如发奖金：奖励的八条原则

企业中的奖励，看似充满温情，实际上也是一桩生意。正所谓"天下没有无缘无故的奖金"，管理者之所以奖励下属，是希望给他奖励以后他能得到鼓舞，并且在接下来的工作中创造更大的价值。仔细说来，有八条原则值得我们借鉴。

（1）第一条原则：说要的不如想要的。

这是送礼和给员工奖励时应当遵循的首要原则。一家公司经过全员努力，刚刚签回一张大单，为了表示感谢，管理者想为每位员工送上一份礼物。这里有三种选择：800元现金红包、800元提货单和800元上海高级时尚购物场所抵用券。该送哪种好？如果管理者直接去征求员工的意见，得到的回答估计大都是要求送现金，因为有了钱他们愿意怎么花就怎么花。但是事实上情况恰恰相反，最让人开心的是送"外滩3号"的抵用券。为什么？对普通工薪阶层来讲，最让人开心的事情，莫过于去了那些自己想去但没有借口去的地方、有了自己想要但不好意思去买去用的东西。

（2）第二条原则：涨工资不如发奖金。

假如你手下一个员工现在的年薪是10万元人民币，因为他的表现很出色，你决定奖励他，你会从下面两个方式中选择哪一个？第一种：保持他现在的工资水平，但每年不定期发几次奖金，奖金总额为1万元人民币；第二种：把他的年薪直接涨到11万元人民币。一般人会选择第二种，但其实不定期给奖金反而会比涨工资更让员工开心。每次给奖金，都给了员工一种刺激，特别是不定期的发奖金，带来的幸福更频繁而持久。领导千万不要吝惜自己的腰包，要不失时机地给员工以金钱奖励，让员工感到自己的努力没有白费，多付出一滴汗水就会多一份收获。

（3）第三条原则：公开不如不公开。

奖励需要公开吗？最好不要。为什么？因为人往往都过于自信，总认为自己比别人好。比如很多人看自己的照片，总爱说自己"不上照"，这听上去像是虚伪的话，但其实是过于自信的表现，他的潜台词其实是：我本人比照片漂亮。在奖励不公开的情况下，每个得奖的人都会认为自己比别人干得好，接下来的干劲也自然十足，这时候奖励的作用最大。暗奖对其他人不会产生刺激，但可以对受奖人产生刺激。没有受奖的人也不会嫉妒，因为谁也不知道谁得了奖励，得了多少。

（4）第四条原则：小奖不如不奖。

一般观念认为：要人家做一件事，给物质刺激总比不给强。但其实很多时候，给物质刺激不如不给任何东西，特别是当物质刺激很小的时候。员工会拿所得物质与其他单位相比，还往往与更好的单位相比，比来比去就会产生不满情绪，反而收到不好的效果，所以小奖不如不奖。

（5）第五条原则：有选择不如无选择。

一般人认为，奖励下属，给他们选择比不给好。事实上并非如此。有时候，有选择反而使人患得患失。比如到了年底，一家公司的年终奖是去三亚度假，员工很开心；另一家公司的奖励是去珠海，员工也很开心；第三家公司是让员工在三亚和珠海之间任选一个地点度假。表面看起来，第三家公司的奖励措施似乎更加人性化一点，但在实际实行过程中，问题就出来了。选了三亚的人会想：我放弃了去珠海的机会是否可惜？去了珠海的人可能又会很想体验一下三亚是什么感觉。结果就是，两队人都觉得自己缺了点什么，反而没那么开心了。

瞧，事情就是这么奇怪。送人东西不要给人选择，直接给人家就是了。

（6）第六条原则：晚说不如早说。

你最喜欢的明星是谁？如果允许你吻一下这位明星，你选择马上去做还是选择等一天？好的选择应该是：等一天。这是为什么呢？很多时候，快乐源于对快乐的期待，如果选择等一天，你可以有一天的时间来做梦，想象与明星接吻的幸福。旅游也是如此，最开心的时候是你听到这个消息以及期盼着去旅游胜地的那段时间。

（7）第七条原则："大中之小"不如"小中之大"。

这里有两个冰淇淋：一杯是10盎司的杯子装了8盎司的冰淇淋；另一杯是5盎司的杯子装7盎司的冰淇淋。前者比后者量多，但是送礼的话，后者要比前者好，因为单独评价时，人们往往认为小杯的冰淇淋更多。送人一条价值400元的羊绒围巾和送一件价值500元的羊毛大衣，前者更让人开心。因为价值400元的羊绒围巾在围巾中是不错的高档货，价值500元的羊毛大衣在大衣中就很平常。也就是说，给人礼物最好是送小范畴里面的大东西，不要给大范畴里的小东西。

（8）第八条原则：能用的不如不能用的。

让我们仔细想想送礼物或给员工奖金的目的是什么？最

根本的目的其实并不是要给接受礼物的人带来多大实用的价值，而是要让收礼的人高兴，让他知道你在肯定他的成绩，让他有继续努力的劲头，当然这个劲头越持久越好。这样一来，奖励给下属实用的东西就会出现一个问题，这个奖励很快就在下属面前消失了。所以，奖励下属最好是送那些用不掉、吃不掉、送不掉又扔不掉的东西，下属才能持久地记住这个奖励，因为这个物品每天会在他眼前晃来晃去，提醒着他这是一个奖励。比如送你的下属一尊他的雕像或是一本精美的公司画册，再让每位员工写一句话，并签上大名。

人不管做什么，都不能忘记目的，管理者更是如此。奖励员工，是一件花样很多，也很考验匠心的工作，但目的只有一个，就是励员工保持其上进的势头。记住了这个目的，再加上一些符合上面十条原则的小手段，我们会发现，激励管理并不难。

点名批评是下策：批评的五种方式

下属犯错，要有惩罚措施，惩罚的方式有很多种，但需要注意的是，最好少使用诸如当众点名批评以及扣工资这两种老掉牙的方法。当惩罚下属是为了表现你作为管理者独到之处的时候，一定要发挥你的想象力，找一个既能让他认识到错误，又能不伤其积极性的方式。

非洲有一个部落，当一个成员犯错误的时候，酋长会把所有部落成员全部叫出来，大家大声地称赞这个犯错误成员的优点和平时做得出色的一些事情，用赞美的方式来达到惩罚的目的，这不就是一个很好的启示吗？此外还有以下五种方式，供管理者们参考。

（1）不急于追究责任，先弄清事情真相。

下属犯了错误，当然要追究责任。但是事情还未搞清楚之前，千万不要急于处理，因为如果处理错了，事情就很难再挽回。如果还没有处理，那么主动权便掌握在你的手里，想什么时候处理就什么时候处理。某公司的信息主管因提供了错误的市场信息而导致了公司决策的失误，如果你是该公司的总经理，你该如何处理这件事情？让我们看看松下幸之助是怎样对待这一事件的。

松下幸之助完全有理由将其开除，但是他并没有急于做出最终的处理意见，而是分析了两种可能的情况：一种可能是这位主管本身并不称职，已不宜于再继续担任这个职务；而另一种可能则是"好马失蹄"，由于一时的大意而出现的判断错误。不久，松下幸之助把他叫了过去，并对他说，鉴于他近期的业绩，本来应该给予奖励，但因为上次的失误还没有处理，所以，将功抵过，既不奖励，也不处分。这种处理方法的效果无疑是非常好的，既没有影响公司整体的运作，又避免了可能做出仓促决策而造成的人才的不必要损失。

（2）注意惩罚的场合。

倘若下属在工作中出现失误，管理者要批评他时，一定不要当着其他下属的面或者客人的面。当着一个下属的面批评另一个下属是最严重的失误。拿两个人做比较的结果是：被批评的人会因此失去自信心，甚至以后做不好工作也对自己的无能没有负担感，因为你已经无数次地确认了他的无能。没有得到批评的人也会因用同事的牺牲换取了自己的好评而内心不安，他会害怕这招致其他同事的集体排斥，因此，他会有意无意地放松自己，以争取与同事重新站回一排。另外，在背后批评下属也是非常要不得的。

所以，如果没有杀鸡儆猴的考虑或者有别的目的的话，管理者批评下属最好选择在自己的办公室里，这样，下属会感激万分。因为他清楚，领导不仅给了他面子，而且还给了他机会，知恩必报，以心换心，下属会更加努力，做出好成绩报答上司。

（3）选择正确的惩罚方式。

一些管理者认为批评是树立自己权威的好机会，看到下属有错，事无大小都会反应激烈。其实作为管理者，完全没有必要看到任何错误都要大发雷霆，高明一点的做法是，即使下属的行为让人感觉很生气很难接受，管理者仍然能保持冷静，选择更有效而不是更直接的方法去批评犯错误的人。比如说，老板召开会议，只有财务部主管准时到达会场，其他人全部迟到。老板大为恼火，但他没有批评任何人，只是表扬了财务部主管，高度赞扬了他的守时作风，结果其他人都面带愧色。因为迟到的人当中很可能有人有正当理由，如果不分青红皂白，就将他们批评一通，那么有正当理由者必然心中不服，觉得冤枉要申辩。他一申辩，其他人也会纷纷申辩，结果不但达不到目的，还把大多数人都给得罪了。

（4）惩罚要带有教育性，让犯错者知道自己错在那里。

下属做错了事要受到惩罚，这是正常的，也是改正错误所必需的，但是，别忘了，批评仅仅是促进犯错者改正错误的一种手段和方式，而不是目的，如果被批评者得到了这个教训之后不再犯同样或类似的错误，就可以说批评的目的达到了。有些人把自己的行为变成了单纯地为了批评而批评，这是作为管理者最忌讳的。

在批评时，领导应指出下属的错误，让下属认识到错误所在，以后不犯同样的错就是了，并在最后提出希望，给下属改过立功的机会。

（5）批评时要褒贬并用。

乔治·本在这个技巧的运用上是位专家，他所发明的"夹心饼"法，真是让人拍案称绝。这种方法就是，把你所要批评的东西作为一种馅，放在两件值得表扬的事中间，做到有褒有贬，最后的效果往往是很好的。

乔治·本经营一家广告策划公司，他的职员中有位叫琼斯的年轻人经常上班迟到，有时甚至多达半个小时之久。乔治·本为了改正琼斯上班迟到的坏习惯，就采取"夹心饼"的方法。他把琼斯叫到了自己的办公室，当琼斯刚踏进他办公室大门的时候，乔治·本就礼貌地站了起来，欣喜地告诉他："你这几天的工作成绩不错，有几项广告创意被大公司重金买断，反响很不错，你实为公司不可多得的人才。"这是乔治·本所做的"夹心饼"最上的一层。

接下来是里面的馅——应该批评他了！"琼斯，有一家公司听说你的策划很具特色，想和你单独谈谈，昨天他们的一位公关人员一上班就打来了电话，当时你还没到公司。今天早上，那人又亲自来了趟，可是等到8点20你仍没来，他还以为你有什么急事不能脱身，今天不上班了呢！"乔治·本终于亮出了馅。接着又不失时机地说："你上班总是迟到，联系人来了见不到你，正常业务无法进行，这对你自己工作是一种损失，对公司的利益也是一大损失。因此，我希望你能按时上班，不要给其他下属偶尔迟到找到借口。"

话说到这里，馅已做完，只剩下最后一层了。乔治·本又强调道："你作为公司的骨干人员，的确为大家带来了不少的利益，公司不能没有你，我希望你能明白自己的位置，我们大家对你都寄予了厚望。"

　　管理者需要会做事，更要会做人。一个境界不高的人，知识和经验再丰富，也不大可能成为一名出色的管理者，只有在提升自己管理水平的同时，注意提升个人道德修养，你才更有机会成为一名优秀的管理者。只有这样的人，才能把管理真正做到位。

信任但不放任：用人要疑，疑人要用

管理者要信任下属，但不能放任下属。信任是一种理解和依赖，放任则是一种散漫和纵容。信任下属是必要的，放任下属是万万不可的！

美国著名快餐大王肯德基国际公司的连锁店遍布全球60多个国家和地区，总数多达9 900多个。然而，肯德基国际公司在万里之外又怎么能相信它的下属循规蹈矩呢？有一次，上海肯德基有限公司收到3份国际公司寄来的鉴定书，对他们外滩快餐厅的工作质量分3次进行了鉴定评分，分别为83分、85分、88分。公司中外方经理都为之瞠目结舌，这3个分数是怎么评定的？

原来，肯德基国际公司雇佣、培训了一批人，让他们佯装顾客，秘密潜入店内进行检查评分。这些"神秘顾客"来无影、去无踪，而且没有时间规律，这就使快餐厅的经理、雇员时时感受到某种压力，丝毫不敢懈怠。正是通过这种方式，肯德基在最广泛了解到基层实际情况的同时，有效地实行了对员工的工作监督，大大提高了他们的工作效率。

在一个团队中，领导承担的风险是最大的。一个企业倒闭了，员工可以跳槽，而老板可能只有跳楼。这就是肯德基为什么如此费尽心思搞好监督的原因。一个行政机关或者事业单位工作不力的话，领导要被上面拿下，而下属依然还是下属，似乎不关他们的事。由此看来，对下属如果不监督，受伤最重的往往是领导者本人。

从人性的角度看，人都是有惰性的，也都是自私的。因此，不仅要建立起科学有效的激励机制，还必须要建立科学的监督机制，这样才能规范下属的行为。这既是对事业、对团队、对领导者自己负责，也是对下属负责。放任自流不可取，有监督的信任才能将信任的力量发挥到极致。

张老板就因为对下属的放任自流而吃尽了苦头。有一次，他无意间发现仓管为了谋取私利，居然悄悄卖货。等到月底价格下降了，又去市场上收货来平仓，这样差价就自己吃下了。虽然事情暴露了，张老板却很难处理。因为这一事件还涉及业务助理与财务，只有三方"同心协力"才能完成此事。法不责众、尾大不掉啊！难道要把他们三个都炒掉吗？三人都是熟练的员工，炒掉以后，公司的正常运行肯定会困难重重，而且，他们被炒以后，万一到竞争对手那里，公司就没有秘密了，多危险呀！但如果不炒的话，今后还怎么管理下属？思前想后，张老板还是不知该如何处理。他后悔当初没有对下属加强监督。

有监督的信任就是"用人以疑"。这与常说的"用人不疑"不是互相排斥的，而是相得益彰的一对矛盾的统一体，是管理活动不可或缺的"两个轮子"。"用人以疑"不是两面三刀，更不是要阴谋诡计，而是对事不对人的监督检查制度，是一个团队稳定大局、防微杜渐之举。

中国自古以来，关于人性，就存在性善说与性恶说之争，也就是儒法之争。纵观历史不难看出，相信人性本善的儒家从始祖孔子到王莽都没有把国家治理好，倒是信奉严刑峻法的商鞅、诸葛亮等把国家治理得井井有条。海尔集团的总裁张瑞敏就认为"用人不疑，疑人不用"是小农经济的思想产物，是对市场经济的反叛，是中国传统文化的糟粕。他的用人观是："用人要大胆，在位要监控"。这就是现代管理的精髓。

对于人才，领导的做法是，既要相信他们、大胆使用他们，又要严密监控，否则，"放手"就变成了"放羊"，信任就变成了放任，最终会给团队甚至领导者本人带来灭顶之灾。英国的巴林银行对驻新加坡的负责人里森听之任之，结果3年来他一直做假账隐瞒亏损，最后造成巨额亏损，致使有200年历史的老牌巴林银行破产。

《韩非子》里有这样一个故事：鲁国有个人叫阳虎，赵王十分赏识他的才能，拜他为相。近臣向赵王进谏说："听说阳虎私心颇重，怎能用这种人打理朝政呢？"赵王回答道："阳虎或许会寻机谋私，但我一定会小心监视，防止他这样做，只要我拥有不至于被臣子篡权的力量，他阳虎又岂能轻易地得遂所愿呢？"这样，阳虎在相位上如鱼得水地施展自己的抱负和才能，而赵王则在一定程度上监督着阳虎，使他不敢也不至于越位，最终使赵国威震四方，称霸于诸侯。

法国启蒙思想家孟德斯鸠说过："绝对权力产生腐败。"这句话套用过来就是：绝对的信任带来危机。作为领导，切忌混淆了信任和放任的关系。

德与才的抉择：宁用愚人，不用小人

作为管理者，用人不可不慎。在"德"与"才"不能兼得的时候，两害相权取其轻。宁可用愚人，支配他干活；也不用小人，让自己惶惶不可终日。

任何领导者在识才、用才、选才的时候，都希望自己选择的人能够是德才兼备之人，毕竟谁都想鱼和熊掌兼得。但万一鱼和熊掌不能兼得时，领导者该何去何从，如何决断呢？对此，宋代的司马光回答得很干脆："宁用愚人，不用小人。"

司马光是这样解释的：德才兼备称之为圣人，无德无才称之为愚人，德胜过才称之为君子，才胜过德称之为小人。挑选人才时，如果找不到圣人、君子来辅助自己，与其得到小人，不如得到愚人。为什么呢？因为君子持有才干来做善事，而小人持有才干来做恶事。持有才干做善事，能无善不为；而凭借才干作恶，就无恶不作了。愚人即使想作恶，因为智慧不济，气力不胜任，好像小狗扑人，人还能制服它。而小人的心机足以使他的阴谋得逞，他的力量又足以施展他的暴虐，这就如恶虎长了翅膀，他的危害难道不大吗？从古至今，国家的乱臣奸佞，家族的败家浪子，因为才有余而德不足，从而导致家国覆亡的太多了。

事实也是这样。像李世民这样的一代明君，也在这方面有过教训。在唐太宗晚年，因为偏听偏信，误用了才气有余、德性不足的兵部尚书侯君集。侯君集带兵攻破高昌时，私取了无数的金银珠宝。唐太宗却认为他战功卓著，继续加以重用。最后，侯君集终于走上了与太子勾结谋反的道路。唐太宗吞下这枚苦果后，则元气大伤。

老子说："太尚立德，其次立功，再次立言。"他是将道德放在事功的前面的。唐代魏徵说："今欲求人，必须审访其行。若知其善，然后用之。设令此人不能济事，只是才力不及，不为大害。误用恶人，假令强干，为害极大。"诸葛亮总结东汉和西汉兴亡的经验和教训时指出："亲贤臣，远小人，此先汉所以兴隆也；亲小人，远贤臣，此后汉所以倾颓也。"1940年，陈云在起草的《关于干部工作的若干问题》中指出了任用干部的标准，即"德才并重，以德为主"。

为什么道德要重于才干呢？有人做了这样形象的比喻。"德"好比方向盘，"才"犹如发动机。无德之才，犹如失去方向盘的汽车，会误入歧途，而发动机马力愈大，其危害愈烈。翻开历史看看就知道，多少领导者就是毁在这种有"才"而无"德"的小人手里。所以，两害相权取其轻。宁可用愚人，支配他干活，也不用小人，让领导者惶惶不可终日。

日本西武集团就有这样一个用人观点：不用聪明人。他们通过多年的用人实践，总结出了聪明人常见的几种毛病：

第一，聪明人看不起身边的人。这样会造成员工的不安情绪，从而破坏员工信心，降低整体效率。

第二，聪明人的欲望较常人强烈，而荣誉、地位、利益时常会腐蚀一个人的内心，这就常常会在群体中造成矛盾，破坏团结。

第三，聪明人的野心是常人的十倍甚至百倍。一旦掌权，他们很可能私心超良心，开始为自己的权力欲找出路，不仅会压制别人工作，还可能以权谋私。

西武集团这套独特用人方法实际上就是"德先于才"的翻版。

作为一个领导者，最希望得到的就是有德有才这种圣人级别的人才，这种人肯定不会辜负领导的希望。有德无才者，虽无才但有德，所以不会造成危害，可以小用。无德又无才者，这类人尽管无德，但是无才，也不会造成危害，可以让他干一些简单、机械的工作。唯独对有才无德的小人，领导者如临大敌，此类人危害极大，要将其坚决开除或者不用。

第 5 章

说话沟通，滴水不漏

团队沟通的力量，连上帝都害怕

管人重在沟通，沟通消除隔阂，沟通激发积极性，沟通提高效率。沃尔玛公司总裁沃尔顿曾说过："如果必须将管理体制浓缩成一种思想，那就是沟通。"

"一个人的成功，15%属于专业知识，85%靠的是人际沟通"，这句话可能很多人都听说过。还有一句话知道的人可能就不多了："一个领导的成功，40%靠人才、资源、制度、机会，60%靠团队内部之间的沟通与团队对外的沟通"。这么说一点儿都没有夸张，做好沟通是领导者最起码的责任，听取意见、传达命令、协调关系、推动工作、激励士气……这一切，都离不开沟通，都需要沟通。

日本松下电器的创始人松下幸之助有句名言："管理，过去是沟通，现在是沟通，未来还是沟通。管理者的真正工作就是沟通。不管到了什么时候，都离不开沟通"。

沟通就是"上下要通气"。上对下：传达工作指示与要求，让下属完全理解上级的意图；下对上：反映真实情况，传递意见、建议与批评等，让领导者掌握工作的进展情况与下属的思想动态。上下级之间能有良好的沟通，团队的凝聚力、战斗力就会大大增强，有利于完成工作任务，达成绩效目标；假如沟通不好，就会使管理混乱、效率低下。

斯特松公司是美国最老的制帽厂之一。有一年公司的情况非常糟糕：产量低、品质差、劳资关系极度紧张。为此，公司管理层邀请管理专家进厂调查。结果显示：公司内上下沟通的渠道全然堵塞。于是，公司开始实施一套全面的沟通措施。4个月之后，员工不满、怨恨的情绪得以消除，同时他们也开始展现出了团队精神，生产能力也大大提高。

这就是沟通的力量，有人说沟通是最廉价但最有效的手段，看来是不无道理的。国内外的知名公司，都把沟通当作一件非常重要的事情。老总都很乐于与下属沟通。他们在沟通的过程中听取下属的意见，了解执行的情况，发现运营计划中的弱点。

通用电气公司CEO韦尔奇曾经说："企业领导人的工作成效与能否同下属沟通具有成百上千倍的正效用。为此，我每天都在努力深入每个员工的内心，让他们感觉到我的存在。

即使我出差在很远的地方，我也会花上16个小时与我的员工沟通。我80%的工作时间是与不同的人谈话。"韦尔奇能说出1 000名高级管理人员的名字和职务，熟悉公司3 000名经理的表现。可见他对沟通的重视与努力。

不管是公司、企业还是事业单位、行政机关，管理活动都是建立在人与人之间沟通的基础上的。领导者每天所做的大部分事情，比如决策、开会、视察等工作，都是围绕沟通这一核心问题展开的。可以这么说，离开了沟通，就不可能实现真正的领导。为什么沟通是一个领导者在管理中的基本性工作呢？因为沟通有以下几个方面的作用：

（1）准确传递信息。

一个团队要想顺利地开展工作，首先必须准确地理解上级的指示，团队和部门之间，也应该要有着良好的沟通。假如员工不能领会经理的意图，生产部门不能正确获得研发部门的信息，这个企业会乱成什么样子？沟通要做到"准确"二字。领导者要准确无误地发布信息，下属也应该完整理解上级的意图，如果不明白，就应该多沟通。

古时有一名县令，某天准备宴请客人，就写了清单派吏役去买菜。其中"猪舌"的"舌"字写得很长，而且还分了家。因为古人书写是竖排习惯，所以衙役以为是买猪千口。

于是，他就遍乡寻买，但也只买到500多口，只得硬着头皮回去禀报。县令大惊说："我让买猪舌头，怎么买这么多猪啊？"后来才知道是自己书写潦草惹的祸。

当然，这故事也许是杜撰的，因为衙役看见买猪千口的指示后，怎么说也应该跟县令沟通一下，就不会闹出这样的笑话了。

（2）增进相互交流。

每个下属都有被重视、被尊重的心理需求。如果领导者不多与下属交流、沟通，天长日久，下属就会情绪低落、工作消极，这会严重削弱团队的战斗力。领导者必须经常走下去，不管对不对，要多听听下属的想法。这样有利于增进人际关系和谐，减损内耗，还能激发下属的工作自发性，积极为领导献计献策，使领导者的管理工作更富成效。

（3）了解真实情况。

领导要做到准确地决策、有效地指挥，必须要了解下面的真实情况。工作进展如何？下属有什么想法？面临着哪些困难？……这些都离不开沟通。康熙对明朝灭亡的总结之一就是："明朝末世，君臣之间互相猜忌隔膜，地方上的民生疾苦不能及时上达，以致最终失国。"

管理学家发现：自上而下的信息只有20%～25%被下级正

确理解，而从下到上反馈的信息则不超过10%，而平行交流的效率则可达到90%以上。这说明了领导者应该多深入基层与下属沟通，而不是躲在办公室里看报告。国家领导人隔三差五下基层就是这个道理。

《旧约·创世纪》第十一章上说，人类的祖先最初讲的是同一种语言，日子过得非常好，有一天，他们决定修建一座可以通天的巨塔。由于人们沟通流畅、准确，大家就心往一处想，劲往一处使，高高的塔顶不久就冲入云霄。上帝得知此事，又惊又怒，认为人们能建起这样的巨塔，日后还有什么办不成的事情呢？于是，上帝施展魔法，让人世间的语言变成好多种，各种语言里面又有很多种方言。这么一来，造塔的人言语不通，沟通经常出现错误，巨塔就再也无法建造了。

这个故事前半部分说明：如果一个团队沟通顺畅，所爆发出来的力量是连上帝都害怕的。后半部分则说明："没有沟通就没有成果。"

能说会道的领导，未必是称职的

　　说话是沟通的桥梁，倾听更是沟通的桥梁。能说会道的领导不一定就是称职的，因为除了会说之外，领导者还得会倾听。能耐心倾听下属的心声，对领导者来说，至少有以下好处：

　　第一，取得信任：认真、专注地倾听，表明你对下属的重视和尊重。这种诚恳谦逊的态度，能令下属信任你。

　　第二，化解矛盾：很多下属有情绪，不是对事情本身的不满，而是对没有发言权不满。如果耐心地听下属把话说完，他的情绪往往也就平息了。

　　第三，纠正错误：当局者迷、旁观者清。领导不一定事事正确，如果能及时倾听下属的意见和建议，就能纠正自己的错误。

　　第四，激发热情：倾听本身也是一种鼓励方式，能提高下属的自信心和自尊心，加深彼此的感情也就激发了他们的工作热情与负责精神。

如果当领导的听话走了样，那么说出的话必然牛头不对马嘴，更谈不上沟通，甚至会因为误会而加深与下属的矛盾。"锣敲三锤必变音，话传三遍定走形"。不要以为大家都说中国话，就一定能听懂下属的真实想法。同样一句话，几个字完全一样，也会因语气不同、神态不同、身体语言的差异而大为不同。比如这样一句话：

我没说他偷了我的钱——我确实没这么说。

我没说他偷了我的钱——我只是怀疑他偷的。

我没说他偷了我的钱——可是有人这么说过。

我没说他偷了我的钱——我的钱反正是被人偷了。

我没说他偷了我的钱——他偷了别人的钱。

我没说他偷了我的钱——他偷了我的其他东西。

同样一句话，可能表达的意思居然这么多种，实在是匪夷所思。所以，倾听是有一定的技巧的。如何倾听呢？从繁体的"聽"字可以看出：不仅要用耳朵去听，还要用眼睛、用心去听。

第一，要有正确的"听"的态度。专心地倾听对方谈话，态度谦虚，始终全神贯注。用目光注视下属，不要做无关动作，如看表、修指甲、打哈欠等。

第二，要善于通过体态语言，比如点一下头、微笑一下等，表示自己确实在听和鼓励对方说下去。

第三，要做好引导工作，主动询问。比如"你对此的看法是？"由此让下属知道，你是仔细地在听他说话，而且还能使谈话更加深入。

第四，要换位思考。只有站在对方的位置和立场上来思考问题，才能够更准确地理解对方的想法和心理状态。

第五，知无不言，言无不尽。一定要让下属把心里想说的话统统说出来，而且中途不要打断对方。

第六，尽量不要否定。下属的想法有时会有错误，只要不是大是大非的原则问题，就不要当面否定，让对方下不了台。

第七，要从下属的言语中听出话中之话、弦外之音；从语气手势、身体动作中，把握下属的真实意图。只有这样，才能做到真正的倾听、沟通。

"沟通决定了管理"越来越得到实践的证明。沟通是管理活动最为重要的组成部分，是领导艺术的精髓。而要做到有效的沟通，无非是两点：一是信息的准确传达——说，一是信息的准确接收——听。

别怕下属发牢骚，倾听牢骚能提高效率

在管理过程中，每一个领导者都会面对下属牢骚满腹的问题。每个下属的利益需求不同，看问题的角度也不同。就算领导做出的正确决策是为下属着想的，还是会招来非议，引来很多牢骚。好心得不到好报，有时会让领导者很窝火。

如何对待牢骚，考验着领导者的胸襟度量与管理水平。在有水平的领导者眼中，下属发发牢骚是正常的事情，甚至还是好事情，牢骚在他们看来，就好比是化解冲突的"安全活塞"。我们都知道，在压力容器上，比如高压锅肯定会有安全活塞，一旦压力高于承受力时，活塞就会自动排气，以防高压锅爆炸。下属发发牢骚与此类似，能让不满情绪排泄掉，有利于避免上下级之间的矛盾激化。

美国哈佛大学心理学系曾组织了一次这样的实验。在芝加哥有一家制造电话交换机的工厂，厂里各种生活和娱乐设施都很完备，社会保险、养老金等其他方面做得也相当不错。但让厂长感到困惑的是，工人们的生产积极性却并不高，产品销售也是成绩平平。

为找出原因，厂长向哈佛大学心理学系发出了求助申请。哈佛大学心理学系派出一个专家组进厂开展了一个"谈话试验"，就是专家们找工人个别谈话，规定在谈话过程中，专家要耐心倾听工人们对厂方的各种意见和不满，并做详细记录，而且要求专家对工人的牢骚不得反驳和训斥。这一实验研究的周期是两年。在这两年多的时间里，研究人员前前后后与工人谈话的总数达到了两万余人次。

结果两年下来，工厂的产量大幅度提高了。经过研究，专家们给出了原因：长期以来，工人对这家工厂的各个方面有诸多不满，但无处发泄。"谈话试验"使他们的这些不满都发泄出来，从而感到心情舒畅，工作干劲高涨。

这就是管理学中著名的"牢骚效应"：牢骚不一定是正确的，但认真对待牢骚却总是正确的。牢骚是改变不合理现状的催化剂。由此可见，领导者对待牢骚的原则是：宜疏不宜堵。堵则气滞，牢骚升级；疏则气顺，心平气和，情绪高涨，下属的工作积极性和主动性自然提高，精神面貌为之焕然一新。领导者需要思考的不是杜绝牢骚或者压制牢骚，而是如何让牢骚更适当地发泄出来，达到化牢骚为工作动力的目的。

领导在管理上的成功，不是完美到下属没有一句牢骚，也不是利用权力不准下属发牢骚，而是能正确对待牢骚，善于化解牢骚。在美国的一些企业中，有一种叫作"发泄日"的制度，即每个月专门划出一天供员工发泄不满。在这天，员工可以对公司同事和上级直抒胸臆，开玩笑、顶撞都是被允许的，领导不许就此迁怒于人。

在日本松下电器公司，所有分厂里都设有吸烟室，里面摆着一个松下幸之助本人的人体模型，工人可以在这里用专门准备的鞭子随意抽打"他"，以发泄自己心中的不满。这为下属的牢骚提供了出口，使平时积郁的不满情绪都能得到宣泄，从而大大缓解了他们的工作压力，提高了工作效率。

牢骚是领导者体察下情、倾听民声的好形式，是领导者提高管理水平的催化剂。如何及时化解下属的牢骚，领导者应该学好下面这几招：

第一，不要忽视。不能充耳不闻、视而不见，等到小牢骚变成大仇恨就会后悔晚矣！

第二，严肃对待。"千里之堤，溃于蚁穴"，要怀着如履薄冰的心情来认真对待。

第三，承认错误。主动承认自己的失误并做出道歉，基本上能马上让牢骚土崩瓦解。

第四，认真倾听。认真地倾听下属的抱怨，从中找到牢骚产生的真正原因。

第五，不要冒火。有牢骚的下属本来就一肚子的火，领导者再发火只能激化矛盾。

第六，掌握事实。只有把事实了解清楚了，相应的对策才可能正确。

第七，别兜圈子。正面答复抱怨时，要具体而明确，要触及问题的核心。

第八，解释原因。如果只是误会，耐心地摆事实、讲道理，下属自然会理解的。

第九，表示感谢。牢骚说明下属对工作负责、对团队关心，不该感谢吗？

第十，不偏不倚。涉及下属之间的矛盾，公平处事最重要。

第十一，敞开大门。对下属永远敞开沟通的大门，要让他们随时能找到你。

沟通是心灵的对话，是情感的交流。有效的沟通是领导成功的关键，这早已不是秘密。特别在对待下属的意见、批评、牢骚这些负面情绪方面，上下级如果能坦诚相见并且沟通得很好，就能形成战无不胜的凝聚力、战斗力和创造力！

认同和赞赏，是员工在金钱之外最想得到的

待人接物、为人处世有一个必须遵从的最高指导原则：赞赏他人。赞赏能使人感到人际间的理解，领略到人世间的温暖，并产生赞赏者与被赞赏者之间的良性心理交流。领导与下属的交往一定要遵循这一原则。

成功学之父、人际关系学之鼻祖卡耐基就曾大声疾呼：领导要对员工"慷慨地赞赏"。

一家成功的大型企业的老板在谈到成功的秘诀时说："很简单，就是赞赏下属。"这一点没有夸张，赞赏就具有如此的魔力，它能使对方感到满足，使对方兴奋，而且会有一种想要做得更好以讨对方欢心的心理。

如果一个小孩得到别人的赞赏，那他的成绩会大有进步；如果一个男士得到意中人的赞赏，会乐得几晚睡不着

觉；而一个下属若能得到领导的赞赏，他肯定会尽力表现得更好。

中国古话中的"士为知己者死"说得也是赞赏的巨大激励作用。这话出自春秋战国时期的大侠豫让之口，豫让本人也确实做到了。豫让是智伯的家臣，智伯很欣赏他，对其委以重任。在智伯被消灭以后，豫让千方百计为他报仇。为了刺杀仇人，豫让不惜把漆涂在身上，使皮肤烂得像癞疮，后来又吞下炭火使自己的声音变得嘶哑，就连妻子也不认识他了。虽然最终失败了，豫让却用生命报答了智伯的知遇之恩，也诠释了赞赏的力量是无穷大的。

我们每个人都有一种强烈的愿望，就是被人赞赏。领导对下属的赞赏，能大大满足他们的荣誉感和成就感，使其在心灵上受到鼓励。

对于赞赏在管理中的重要性，玛丽·凯·阿什说："金钱之外，人们最想得到的还有两样东西，那就是认同和赞赏。"

这位自认为对于金融财政一窍不通的女人，却实现了自己的理想，创造了一个化妆品王国。她成为领导者的经验就是："我们认为员工们需要得到成就的认可，因此我们总是尽可能地给予他们赞赏。"

为了激励员工，玛丽·凯·阿什煞费苦心。在公司每年举办一次的颁奖晚会上，都有数以千计的化妆品推销员在掌声和喝彩声中领取各种各样价值不菲的礼品。出类拔萃的员工能在鼓乐声中接过鲜花，得到加冕。此外，玛丽·凯·阿什还经常联系出版社或者杂志社来宣传优秀的员工，对他们的业绩表示肯定。

相对于物质奖励来说，精神上的赞赏更具有优势。从领导的角度来看，赞赏不需要多少本钱，同样也能满足下属的荣誉感和成就感。

玛丽·凯·阿什就说过："假如你不想向你的工人分发卡迪拉克车、钻石戒指和貂皮大衣，那就认可他们的劳动、肯定他们的成果吧！最有效的激励根本不花费什么东西，它只是简单的赞赏。"

而从下属的角度看，工资和收入都是相对稳定的，不会指望在这方面有多少意外的收获。他们常常很在乎自己在领导心目中的位置。

特别是下属很认真地完成了一项任务或做出了一些成绩之后，领导不给予认可与表扬的话，就会严重挫伤下属的积极性，认为反正老板也看不见，干好干坏一个样。

对于下属渴望赞赏的心理，领导者应该牢记下面几句话：每个下属都是利己主义者，他需要某种程度的被注意、被欣赏和被承认；每个下属都是对自己比对别人更感兴趣；每个下属都希望他是最被领导所器重的人；从领导面前经过的每个下属都希望被领导看重和高度评论；每个下属都在不同程度上渴望被别人重视，他希望能成为领导在工作中不可或缺的一个人。

常言道"重赏之下，必有勇夫"，这个"赏"不一定是物质的刺激，更包括精神上的赞赏。金钱的激励不仅会增加管理成本，而且刺激强度会一次比一次小；但赞赏就不同了，赞赏根本不需要花费什么，甚至只是领导一句赞美的话语、一个佩服的眼神、一次真诚的点头，就能满足下属精神上的需求，让下属感激你、信任你，并为你的团队忘我地工作。

赞赏是一种成本低、见效快、回报率高的管理方法，领导者的一句话、一个眼色就有可能得到意想不到的回报。赞赏还是沟通情感、鼓励员工、激发士气的最佳手段。因此领导者要在管理活动中，充分利用赞赏这个法宝，以达到提高管理效率的目的。

既然赞赏是一种方法，就要讲究一定的技巧，不是随便胡诌几句就能达到赞赏的目的，方式不当还会适得其反。

赞赏下属，必须掌握适当的时机和分寸。哪方面值得赞赏？在什么环境下赞赏？赞赏到什么程度？这都是有学问的。良好的赞赏一般都具有下列特点：

（1）心诚则灵。

领导之所以赞赏下属，是因为下属确实有可取之处，值得领导的钦佩与肯定。

赞赏只是手段而不是目的，如果为了赞赏而赞赏，赞赏就会变得无中生有或者牵强附会。比如"您老亲自上厕所啊"之类开玩笑的话，会让下属感觉是在戏弄他而不是赞美他。

（2）恰如其分。

赞赏要与客观实际相符合。既要找准下属的优点与业绩，又要实事求是地评估，不能夸大其词。

比如，一个下属顺利地完成了一件平常的工作任务，你说"辛苦了，干得不错"就行了，他听了会感到特别高兴，如果你说"感谢你做出的划时代的贡献"，下属就会觉得你在说反话，是对他工作的不满。

（3）词能达意。

在赞赏的时候，要想好怎样说话，因为一不留神就可能说反了。

比如，某员工平时姗姗来迟，这天却早早来到办公室做清洁。你就不能说："今天来得真早，难得难得！"对方听了以为你在批评他平日来得晚。如果说"你今天真早，吃饭了吗？"这样既赞赏了下属，又含有关心之意，下属听了会感到很舒服。

（4）时机恰当。

领导对下属的赞赏不是随时都漫天飞的，而是要选择最恰当的时机。

一般来说，下属工作很努力、很艰苦的时候；下属在接受工作指派的时候；下属取得了工作成果的时候，在这样的情况下他们往往极其渴望得到领导的承认与欣赏。在这些时候，领导应该及时赞赏，满足下属的精神需求。

（5）选择合适场合。

赞赏还要选择地方。当下属取得骄人业绩的时候，可以选择当众赞赏或奖赏；当希望下属更上一层楼的时候，可以在私下谈话中赞赏，因为没有什么成绩就当众赞赏，会引起其他下属的不满；还可以在其他人面前称赞另外一个下属，让第三者转达你的赞赏，这往往会有意想不到的好效果。

（6）形体语言。

赞赏主要是靠语言来完成的，但也应该重视动作、眼神、姿态等形体语言来表达领导者的赞赏之情。比如，给予真诚的微笑，能让下属倍感温暖；一个真诚的眼神，能表达你对下属的关注与尊敬；轻轻地拍拍肩膀，能迅速拉近与下属的心理距离，增加下属的信心与归属感……形体语言能让下属更加强烈地感受到来自领导者的赞赏是真诚的。

批评之道：很严厉但又不让下属反感的方法

　　管理者最爱批评，下属最讨厌批评，所以批评在管理实践当中很难把握。轻了不起作用，重了适得其反，领导者因此要在批评的时间、地点、方式、轻重、语言等方面多琢磨琢磨，才能达到让下属心服口服、知错改错的目的。

　　我们看"领导"一词，是有"带领"和"指导"组成的，意思就是，领导者既要带领下属完成工作任务，又要会指导下属如何干好工作。在工作中，下属免不了要犯错误，这时当领导的，自然免不了要对下属进行批评。但批评是一件不太轻松也不容易的事情，要讲方法，如果不懂得如何批评下属，就有可能打击下属的信心与热情，甚至刺激下属的逆反心理，还有可能影响整个团队的精神面貌与工作效率，甚至影响到领导者本人的前程。

　　某副局长在平时管理下属时，老爱批评下属，哪怕是一点鸡毛蒜皮的小事，也会将下属训斥一番，并灌输一番大道理。时间一长，此副局长就被下属所厌恶了。一日，上级组织部门要求该局从几个副职中推荐一个人选，到另外一个局任正职。在投票中，这位爱批评下属的副局长，其分管的下属们没有一个人为其投票，结果在宣布投票结果时，其得票数少得可怜，排名最末。该副局长本来有能力、有业绩，正值壮年，就因为不会批评人，结果不仅升官无望，反而被上级喊去挨了一顿批评。好在他醒悟得快，通过私下渠道了解到了自己得票低的原因。此后，他就积极汲取教训，不再动辄训斥下属，并加强了与下属的交流、沟通和对下属的关爱，很快他重新和下属建立了良好的关系。

　　批评不是玩权力、耍淫威，这不能体现一个领导的能力。能力是表现在批评后的效果上面的，那就是既能让下属知错改错，又能调动下属的积极性，还能树立领导者的权威。在批评下属时要做到以下"九要"与"九不要"。

　　"九要"指的是以下九个方面：

　　（1）要毫不含糊。

　　批评的目的是使下属改正缺点，以后不再重犯。所以对下属犯了错误，务必要严加批评。特别是那些错误较为严重、影响比较大、涉及面比较宽的问题，应该严厉地批评。可以措词比较尖锐，语调比较激烈，情感表露比较严肃。

中华人民共和国成立后，一些干部进了城渐渐滋生了享乐思想。彭德怀一旦发现这类人和事，都不留情面地狠狠批评。一天，总务科长给彭德怀送来一件雪白、硬领的府绸衬衫。彭老总笑着说："我又不是公子哥儿，穿这干什么？赶快退回去。"总务科长劝道："如今进了大城市，不同于在山沟里打仗。再说，你现在是西北军政委员会主席，穿戴上要像个主席的样子。"听总务科长讲出这番"道理"，彭老总沉下脸生气地说："我彭德怀只有一个样子，就是共产党员的样子，别的啥样子都不要！"彭老总的严厉批评，让总务科长认识到了自己的错误，只好把衬衫退掉，另换了一件彭老总当年在延安时常穿的那种白粗布衬衣。

（2）要弄清事实。

弄清事实是正确批评的基础，领导批评下属，很重要的一条就是要做到实事求是，批评要有根据，切不可随便捕风捉影、主观行事。

铁人王进喜在大庆油田当领导的时候，一次去视察某子弟幼儿园。在考察了各项设施后都很满意。这时，他发现一个小孩子在角落里哭得甚是伤心，阿姨也不管他，只照顾着其他小朋友。这时，王进喜十分气愤地批评了阿姨，阿姨默不作声。结果后来王进喜才知道，那个没人照顾的小朋友是这位阿姨的亲生孩子，她为了照看其他的小朋友而顾不上照顾自己的孩子。王进喜得知真相后，为自己一时的冲动后悔莫及，马上专程去给那位阿姨道歉。

（3）要以理服人。

批评下属不能压服，只能说服，以此帮助他们认识和改正缺点错误。要力求语言中肯，措词恰当，深入浅出，说理透彻，使其口服心服。

1949年3月，为了给以张治中为首席代表的南京国民党政府和谈代表团三十余人腾地方，居住在六国饭店的民主人士都被搬出了饭店，分别移居他处。柳亚子被移居到颐和园内的益寿堂。从生活条件优越的六国饭店移居到相对较差的颐和园居住，柳亚子心里自然窝火。后来，毛主席在香山双清别墅接见了一些民主人士，还为有的民主人士配了专车，而这些都没有柳亚子的份，从而更加引起了他的不满。有一天他终于冒火了，就因为管理员没有买回柳亚子想吃的蔬菜，就打了管理员一个耳光。

周恩来知道后，就在颐和园听鹂馆宴请柳亚子。寒暄之后入席，周恩来站起来举杯祝酒："为柳先生和柳夫人的健康干杯！”酒过三巡、菜过五味后，周恩来很直率地批评了柳先生打人的错误。他说：“我们的同志刚进城，很多事情还不懂，没有把事情办好，惹柳先生生气了。不过这几件事，柳先生你做的也过分了。我们的朱总司令，可谓影响大、职位高，可是他从来没有打过任何一个战士，没有动过战士一指头。领导人对身边的工作人员、门卫、警卫战士应当和气。他们做错了事情，可以指出来，可以批评教育，动手打人就不对了。”一席话说得柳亚子心服口服，连连点头。

（4）要对症下药。

批评时，领导者必须注意根据批评对象的不同特点，采用不同的批评方式。批评还要注意场合，是小范围还是大范围或者是私下批评，都得先认真想清楚。一般宜私下批评，便于顾及被批评下属的脸面和影响。但必须采取公开曝光批评的则不能姑息迁就，以免问题发展成习惯性的通病而难以收拾。

1934年底的一天，湘、鄂、川、黔革命根据地召开各县苏维埃负责人联席会议。其中有一个身穿皮大衣、头戴黑绒帽、脚蹬大皮靴、手指上戴着一只闪闪发光的金戒指的人，是新任永保县苏维埃主席田永祥。原来，他用打土豪分来的胜利果实把自己全副“武装”起来了。当时的湘、鄂、川、黔省委书记任弼时瞅着他这一身打扮，哈哈大笑，说：“你还真像当过县长的样子呢！"散会后，任弼时单独留下了田永祥，亲切地对他说："同志，可不能忘本呀！一个革命者，要永远保持无产阶级战士的本色才能革命到底！"几句话说得田永祥羞愧地低下了头。不久，田永祥又来开会了，但皮大衣换成了粗布黑棉袄，黑绒帽换成了黑毡帽，大皮靴换成了黑布鞋，手上的金戒指也不见了。见此，任弼时使劲地握住他的手说："这才像个人民县长！"

（5）要就事论事。

"对事不对人"，在批评下属时，要就事论事，不要搞人身攻击，以免让下属认为你对他有成见。

（6）要以诚相待。

批评的效果在一定程度上受人的感情影响。"感人心者，莫先乎情"，只有情深才能意切，出言才能为人接受，批评才能让人心服口服。

某企业有一个职工陈某，曾三次因赌博被抓被罚仍执迷不悟，第四次正与别人赌博时又被抓到了。把他从派出所接回单位后，保卫科科长老黄与他进行了一次既严肃又饱含深情的谈话："你这次被抓，派出所了解到你曾赢了别人一台黑白电视机，决定没收。当我们到你家时，你的妻子和儿子正在看电视。你那5岁的儿子泪眼汪汪地央求我们，说：'警察叔叔，别把电视拿走……'我心里很不忍，只好摸着孩子的头说：'叔叔给你搬去修理一下，就更好看了。'临出门时，你儿子又追了出来，说：'警察叔叔，星期六能修好吗？我想看动画片。'我当时听了，心里难过极了。正好我家刚买了一台彩电，我就把那台闲置的黑白电视机搬去给孩子看了。人心都是肉长的，你身为人父，应该有爱子之心，不能让赌博恶习麻木了自己的良知，多为自己的孩子想想，千万不能再做让孩子都心碎的事情呀！"陈某听完这些话，伏下身子失声痛哭起来。后来，他痛下决心，改造自己，成了企业的模范职工、革新能手。

（7）要刚柔相济。

批评是一件严肃的事情，既不能轻描淡写，也不能草率从事。要认真对待，触及灵魂深处。领导必须深谙"打一巴掌不忘揉三揉"之道，在批评时，既要严又要慈，做到刚柔相济、恩威并举。

有一次，周恩来在审阅关于"第一个五年计划"的重要材料的时候，发现林业部门的一个重要材料的数据核对不实。他当即就打电话批评了负责这项工作的领导同志。这位同志感到很惭愧，思想上也承受了很大的压力。意想不到的是，一次公众活动中，周总理遇到了他，主动与他打了招呼，关心他的工作与生活情况，并说："我虽然批评了你，也是为了人民的利益，以后要细心一点嘛！不要把这些重要问题搞错。希望你以后再接再厉，发扬优点和长处，把工作做得更好。"周总理的一席话，彻底解除了那个同志的心理负担。

（8）要表扬在先。

批评之前先表扬，让下属在接受批评时有个心理缓冲过程，这样就不容易形成较大的对立情绪，有助于下属认真听取和接受批评意见。

1923年当选的美国总统柯立芝有一位漂亮的女秘书，她虽然长得很好，但工作中却常因粗心而出错。一天早晨，柯立芝看见秘书走进办公室，便对她说："今天你穿的这身衣服真漂亮，正适合你这样漂亮的小姐。"听到这句话，女秘书感到受宠若惊。柯立芝接着却说："但也不要骄傲，我相信你同样能把公文处理得像你一样漂亮的。"果然从那天起，女秘书在处理公文时很少出错了。一位朋友得知了这件事，便问柯立芝："这个方法很妙，你是怎么想出的？"柯立芝得意洋洋地说："这很简单，你看见过理发师给人刮胡子吗？他要先给人涂些肥皂水，为什么呀，就是为了刮起来使人不觉得痛。"

（9）要气氛活泼。

批评固然离不开高声调的语言和严肃的态度，但在有些时候、有些场合，用一些意想不到的方式，如幽默诙谐的语言，下属反而更容易接受。

据在毛泽东身边工作过的同志回忆，毛泽东批评人时，总是不直接说"对"或"不对"，更不讲大道理教训人，而是轻松愉快地在交谈中引经据典，在谈笑风生中切入主题，使人在谈笑中领悟他话语中的深刻含义，认识自己的缺点和错误，从而口服心服地改正。刚到北京的时候，毛泽东觉得自己房间里的一套沙发是多余的，就叫工作人员搬出去缴公。可是，沙发过大，门太小，怎么使劲也搬不出去，工作人员认定这沙发根本就搬不出去。毛泽东一见，笑了起来，说："你们说，以前别人是先修房子再搬沙发进来，还是先买了沙发再修房子呢？"工作人员说："当然是先修房子后买沙发嘛。"毛泽东乐了，说："那么，沙发能从这道门里搬进来，怎么会搬不出去呢？"大伙一听，恍然大悟。原来主席是在批评我们不肯动脑子呢。大家立即开始想办法，发现是方法不对头才搬不出去，随后就改了一个方法一试，果然搬了出去。

除了要做到以上"九要"之外，领导者在批评下属时，还要做到以下"九不要"：

（1）不要大发雷霆。

下属犯了错误时，领导者生气着急在情理之中，但要注意克制情绪，绝不能拍桌子摔凳子，吹胡子瞪眼睛，否则，不但达不到批评的目的，反而会引起被批评者的对立情绪。

（2）不要伤人自尊。

"良言一句三冬暖，恶语伤人六月寒。"批评时要心平气和地摆事实、讲道理，循循善诱。不能尖酸刻薄，讽刺挖苦，更不能满口脏话，侮辱人格，甚至拿对方的过失当话柄和笑料，这会让被批评者产生逆反心理，还会让其他下属为之打抱不平。

（3）不要全盘否定。

对下属的错误行为，要准确无误地指出来。是什么性质就说什么性质，有多少就说多少，既不能夸大其词，也不能一棍子打死。忌用"不可救药""朽木不可雕"之类的言语，让被批评者看不到任何希望。

（4）不要以权压人。

领导者对下属进行批评时，不能依仗权势来压制下属，居高临下，盛气凌人。不能说"我不听你解释""都是你的错""你不服不行"这样的话，更不能以处分、撤职或调动工作来威胁。越是采用压服的手段，越是不能令人信服。

（5）不要重翻旧账。

批评应针对当前所发生的问题，就事论事。帮助下属提高认识，改正错误，做好思想工作，不能把过去发生的问题和已经处理完的问题拉扯出来翻旧账。这种翻旧账式的批评很伤下属的自尊心，也是做领导的一个大忌。

（6）不要不顾场合。

对下属所犯的错误一般不要当众批评，特别是不要当着他的下属的面批评。别人在场时批评他会增加他的心理负担，会使他面子过不去，产生逆反情绪。因此，在批评下属时，一定要注意场合，不能随心所欲，张口就来。

（7）不要推卸责任。

下属出现错误，常常与领导平时的教育有关。即使是完全由当事人负责的问题，领导者也应负教育不够、领导不力的责任。所以当下属犯了错误时，在批评当事人的同时，也要主动地承担责任，替下属揽过，这样的批评才更容易让下属接受。

（8）不要没完没了。

对下属的批评切忌喋喋不休，没完没了。即使是好话被说上好几遍也会令听者生厌，更何况逆耳的批评。有效的批评往往能一针见血地指出问题的实质，使下属心悦诚服，而絮絮叨叨只会让下属心不在焉，不知道你到底要说什么。

（9）不要己身不正。

这一点往往被领导者忽视了。领导者在严格要求下属的同时，首先要严格要求自己，努力提高自身素质。"身教重于言教""正人必先正己"，领导者要在自己"行得正站得直"的基础上进行批评，才会让下属口服心服。

在日常管理的应用过程中，以上的一些批评方法往往不是单一出现的，而是同时运用的。运用之妙，存乎一心。对于下属的错误，领导该批评的就批评，但也要采用正确的方式方法，才能让下属心服口服，收到事半功倍的效果。

运用三明治法则，让下属接受建议和意见

人人都具有自我防卫的心理，在沟通中也是如此。当人们感到对方的信息含有对自己的威胁时，防卫心理就被激发出来，通常会以对对方的言语进行攻击、讽刺挖苦、品头论足、怀疑对方的动机等方式进行自我防卫，这就大大降低了取得相互理解的可能性。

美国前总统约翰·柯立芝发现，他的女秘书虽然长得非常漂亮，但工作经常出错。如果直接批评她，可能会激发她的防卫心理。

一天早晨，当这位女秘书穿着漂亮的衣服走进办公室时，他对她说："今天你穿的衣服真漂亮，适合你这样年轻漂亮的小姐。"女秘书听了喜形于色。

柯立芝接着说："你处理的公文如果不出错的话，我相

信它也能和你一样漂亮。"从那天起，女秘书处理公文时很少再出错。

柯立芝总统在批评之前先赞美女秘书的一个优点，然后提出批评，最后以积极的方式结尾，这个三段式的批评方法，就像一个"三明治"：两片"赞美"的面包夹着一片"批评"的肉。这种沟通方法，被称为三明治法则。

三明治法则有利于员工接受上级的建议和意见，原因是：

第一，三明治法则能有效消除人的防卫心理。

在批评之前，先说些亲切关怀赞美之类的话，就可以创造友好的沟通氛围，并可以让对方平静下来安下心来进行交往对话。如果一开始就是直接的批评，语气又十分严厉，那么，对方就会产生一种自然的反射状的防御反应以保护自我。一旦产生了这种防卫心态，那就很难再听得进批评意见了，哪怕批评是很对的，也都将徒劳。

第二，三明治法则能消除员工的后顾之忧。许多批评结束时还让人心有余悸，让人搞不清楚是在受批评还是要受罚，因此，总会有后顾之忧。而三明治法则的最后一层起到了去后顾之忧的作用。它给予批评对象以鼓励、希望、信任、支持、帮助，使之能振作精神，重新再来，不再陷入错误的泥潭之中。

适当运用幽默，可以化解尴尬和冷场的局面

许多下属心目中理想的管理者形象是：有幽默感，善于调节公司的气氛，可以让员工在工作压力下保持情绪的舒缓轻松。做到这一点很不容易，毕竟幽默感不是人人都具备的，也不是很快就能学得来的。但是要想做一个受下属欢迎的管理者，就非常有必要提升自己的幽默感，这需要运用智慧和经验，还需要把握准确的时机。

一个真正会开玩笑的人是从来都不会伤害别人的，他只会让人感到快乐，哪怕只有一会儿。

一个年轻人就任了一家公司董事长的位置。上任第一天，他召集公司职员开会，在自我介绍的时候说："我叫程曦，程曦的程，程曦的曦，是你们新的董事长。"他说到这里的时候，有人已经微微露出了笑容。接下来，他继续打趣

道：“你们不要以为我年轻，就没有当领导的经验。实际上，在三十年前，我母亲还是这家公司董事长的时候，我就在她的肚子里协助她给你们开会了。”参加会议的人马上都笑了，程曦自己也笑了。

这个幽默的智慧之处不仅仅在于它调节了会议气氛，程曦还借机有人情味地说出一句潜台词：我虽然是前董事长的儿子，但是我坐到这个位置上来并不是依靠我的母亲，而是我自己的努力。

这就是幽默的好处了。任何管理者在与下属的交往过程中，都会产生一些尴尬或者冷场的局面，这种情况下，如果管理者能够开个无伤大雅的玩笑，紧张的气氛相信很快就会消失得无影无踪。想这样做，就要求管理者必须注意细节，随时捕捉那些发生在下属身上的有趣的事情，并以有趣、幽默的方式加以赞赏。

一家大公司的财务主管人在开完业务会回到办公室时，他发现职员们聚在办公桌旁，哼唱着、谈笑着。他一出现在门口，职员们立刻各就各位，马上埋在公事堆里，仿佛他们一刻也没离开过各自的座位。这位主管人并没有表示不高兴，而只是笑着说：“看来你们还是不精于此道啊。当年我做这种事情的时候，可以保证主管看不出一点破绽。”职员们不由得微笑着抬头望着他。

一位经理对天天见面开电梯的小姐说："请尽快把我送到第十九楼。""对不起，经理，可是这座大楼只有十八层啊？"小姐为难地说。"没关系，小姐！你尽力而为就是了。"经理微笑着说。小姐先是一呆，不禁笑了起来。

这位很有幽默感的经理故意这样说，是想让这位工作单调的小姐能有轻松一下的时候。这样的上级谁不喜欢接触并尽力为他工作呢？只用一点小小的幽默，就使上下级关系变得融洽了。

怎样才能使自己成为一个幽默的管理者呢？坚持以下几点即可见效：

第一，博览群书，拓宽自己的知识面。知识积累得多了，与各种人在各种场合接触就会胸有成竹，从容自如。

第二，培养高尚的情趣和乐观的信念。一个心胸狭窄，思想消极的人是不会有幽默感的。幽默属于那些心宽气朗，对生活充满热忱的人。

第三，提高观察力和想象力，要善于运用联想和比喻。

第四，有意识地训练自己对事物的反应和应变能力。

第五，多参加社会交往，多接触形形色色的人，增强社会交往能力，也能够使自己的幽默感增强。

幽默的人受人喜欢，幽默的老板比古板严肃的老板更易与员工打成一片。

有经验的老板都知道，要使身边的员工能够和自己齐心合作，就有必要通过幽默使自己的形象人性化。

要想做受下属欢迎的管理者，仅仅具备幽默感是不够的，毕竟管理者和下属之间最主要的关系是同事关系，双方打交道更多的还是关于工作。面对事情的时候，管理者是什么态度，如何处理给员工留下的印象也是最深刻的。这一方面，下属们最欢迎的，是能用积极的态度感染员工，并且冷静处事的管理者。

作为一位管理者，需要时时保持乐观健康的心态，因为管理者的心情和态度很容易影响到下属。如果管理者自己都已经不堪重负而垂头丧气，还怎么指望下属振作精神？管理者的言行往往具有很大的感召力，在必要的时候，敞开胸怀，乐观豪放，下属也会增添无穷的力量，增加对管理者的信任感，从而更有信心克服困难。

一些管理者往往会因为下属的工作出现一点儿错误或不当就会大发雷霆，显示出怒不可遏的样子；一些管理者会因为在家里与家人发生了不愉快的事情，而把一张阴云密布的脸带到了工作岗位上；一些管理者会把工作上的一时不顺，牵连到下属身上，这种无端而生的做法在他自己看来似乎还不无道理。

许多管理者在职位上，十几年甚至几十年下去，都得不到提升。他们埋怨、大发牢骚，却不想想其中的道理。许许多多的管理者又常会招致大多数下属的厌恶，上司对他们也不会有好的评价，这又是为什么呢？

其中一个很重要的原因，可能就是你对自己的一言一行缺乏应有的控制，从而常会失去管理者所应该具有的冷静、理性，任凭感情所驱使。

一个成熟的人是能够做到控制自己的情绪的，管理者作为部门或者公司的顶梁柱更要如此。面对任何事情，都要有积极的态度，而不是因为棘手或者失败而垂头丧气，消极的态度只会让事情变得更糟糕。态度决定一切，在很多的事情上都是适用的。

要做一个受下属欢迎的管理者，并不是一件容易的事情，除了一定的管理技巧，管理者还要付出大量额外的努力用来提高自己的人格魅力。

下属对管理者的期待也不尽相同，如有人希望管理者像军队统帅，有人希望管理者作职场导师，有人愿意管理者与下属之间是朋友的关系，管理者如果不能面面俱到，也最好在各方面都努力提升自己。

　　因为在中国人的价值观中，看一个管理者是否胜任，不但要看他能为公司带来多大的业绩提升，还要看他能不能与下属和谐相处，是不是受员工欢迎。

运用雷鲍夫法则，快速建立合作与信任

美国管理学家雷鲍夫提出：在你着手建立合作和信任时，你要学会使用你的语言，其中以下八句非常重要：

（1）最重要的八个字是：我承认我犯过错误。

（2）最重要的七个字是：你干了一件好事。

（3）最重要的六个字是：你的看法如何？

（4）最重要的五个字是：咱们一起干！

（5）最重要的四个字是：不妨试试。

（6）最重要的三个字是：谢谢您。

（7）最重要的两个字是：咱们……

（8）最重要的一个字是：您……

这一套沟通方法，被称之为雷鲍夫法则。

仔细观察雷鲍夫法则的八句金言，你会发现它们是一个不断渐进的过程。要建立合作和信任的基础最重要的就是认识自己和尊重他人。而上述定律无疑就是进行这一过程的最好表现。

（1）最重要的八个字是：我承认我犯过错误。

管理者说这八个字的前提是：知道自己错了；能承认。这就要求管理者能做到反省和谦逊。若是管理者能身体力行做到这一点，并且真正是发自内心，贯彻到底，往往会产生出人意料的良好效果。

1990年2月，通用汽车公司的机械工程师伯涅特在领工资时，发现少了30美元，这是他一次加班应得的加班费。为此，他找到顶头上司，而上司却无能为力，于是他便给公司总裁斯通写信说："我们总是碰到令人头痛的报酬问题，这已使一大批优秀人才感到失望了。"斯通立即责成最高管理部门妥善处理此事，三天之后，他们补发了伯涅特的工资，事情似乎可以结束了，但他们利用这件为职工补发工资的小事大做文章。第一，向伯涅特道歉；第二，在这件事情的推动下，了解那些"优秀人才"待遇较低的问题，调整了工资政策，提高了机械工程师的加班费；第三，向《华尔街日报》披露这一事件的全过程，这在全国企业界引起了不小轰动。想想通用汽车公司的工程师真是幸福。通用改正了一个错误，但其得到的远不是看起来这么少。

（2）最重要的七个字是：你干了一件好事。

学会关注别人，鼓励别人，是建立合作与信任关系的第二条秘诀。

联想集团创始人柳传志在工作中非常善于关心下属、鼓励下属。当发现中科院毕业的年轻人杨元庆在电脑销售中业绩突出后，他大胆授权杨元庆成立PC事业部，即使遇到挫折，也鼓励他再接再厉。此后，联想电脑成为国产销量第一的品牌。而杨元庆也成为柳传志的接班人。

日本经营之神松下幸之助在创业阶段一直和员工同甘共苦。创立三洋品牌的井植薰就常常回忆他在松下时，不断受到松下幸之助的鼓励，即使是在他把电池厂赔光的情况下亦是如此。因为松下幸之助认为，他能安全回来就已经是值得鼓励的了。

（3）最重要的六个字是：你的看法如何？

当你听完下属的汇报，问一句："你的看法如何？"下属的责任感和自尊感会油然而生。这才是顾及他人感受的合作之道、成功之道。

（4）最重要的五个字是：咱们一起干！

这五个字，反映的是上级与下级全力以赴的信心和决心。其作用，正如《孙子兵法》所说"上下同欲，则战无不胜"。

（5）最重要的四个字是：不妨试试。

"试试"就是鼓励下属不断地进行创新。"不妨"是这句话的关键。"不妨"就是不要太在意结果，有创意就一定要付诸实施，一定会有收获的。

（6）最重要的三个字是：谢谢您。

"谢谢您"似乎是最常用的礼貌用语，但是到底要如何说出这个礼貌用语其实是一件非常有艺术性的事情。并非把"谢谢"挂在嘴边就可以了，真正说到人心里的"谢谢"是不需要用嘴表达的。

（7）最重要的两个字是：咱们……

有个故事：洞房花烛夜，新郎兴奋，新娘娇羞。新娘忽然掩口而笑并以手指地："看，看，看，老鼠在吃你家的大米。"翌日晨，新郎酣睡，新娘起床看到老鼠在吃大米，怒喝："该死的老鼠！敢来偷吃我家的大米！""嗖"的一声一只鞋子飞了过去，新郎惊醒，不禁莞尔一笑。一夜之隔，一日之差，"你家"变"我家"！用词的改变，反映了新娘的心已经过门了！

使用"咱们"二字的道理也在于此。

（8）最重要的一个字是：您……

这一条简单却又不简单，它是要你时刻记得尊重你的合作伙伴——您而不是你，这就是尊重。

理解了雷鲍夫法则的这八条，你会在建立信任与合作中无往不利、事半功倍。